NADIV ILAN

NENI

HAYA MOLCHO

NENI

Hayas Küche

REGIONALE
PRODUKTE,
ORIENTALISCHE
REZEPTE

südwest

NENI IST DIE ERFOLGSGESCHICHTE ZWISCHEN MIR, MEINEM MANN SAMY UND MEINEN VIER SÖHNEN NURIEL, ELIOR, NADIV UND ILAN. ES GIBT EIN GEGENSEITIGES HOCHSCHAUKELN ZWISCHEN UNS – SAMY, DER VEGETARIER IST, HAT MICH IMMER DAZU ERMUTIGT, EKLEKTISCHE UND EXPERIMENTELLE SPEISEN MIT VIEL GEMÜSE UND HÜLSENFRÜCHTEN ZU KREIEREN. DIE JUNGS HABEN SICH, SCHON ALS SIE KLEIN WAREN, AUFFALLEND STARK DAFÜR INTERESSIERT, WAS ICH KOCHE. SIE HABEN JEDES GERICHT KOMMENTIERT UND DAZU IHRE ANREGUNGEN GEGEBEN, LANGE BEVOR ICH DARAN DACHTE, EIN LOKAL ZU ERÖFFNEN. MEINE SÖHNE HABEN MICH AUCH ZU DIESEM BUCH INSPIRIERT, UND OHNE IHR TÄGLICHES MITWIRKEN WÄRE DAS ALLES GAR NICHT MEHR ZU SCHAFFEN: RESTAURANT-BETRIEB, DIE PRODUKTSERIE FÜR DIE SPAR-SUPERMÄRKTE, DAS CATERING, DAS KULINARISCHE KONZEPT FÜR DIE 25HOURS-HOTELS.

NENI IST FÜR MICH ABER AUCH MEINE HEIMAT, MEIN WIEN – DER ORT, AN DEM ICH NACH ALL DEN JAHREN DES REISENS WURZELN SCHLAGEN KONNTE. DENN AUCH DIESE STADT IST EIN MULTIKULTURELLER SAMMELPUNKT, AN DEM ALLES ZUSAMMENTRIFFT UND STÄNDIG NEUES ENTSTEHT. ZUSÄTZLICH FINDE ICH HIER TÄGLICH MEINE KULINARISCHE INSPIRATION DURCH LIEFERANTEN ODER HERSTELLER UND DEREN GUTE PRODUKTE. MIT NENI HABE ICH MIR DIE WELT IN DIE HEIMAT GEHOLT. ES IST MEINE FAMILIE, MEIN ESSTISCH, MEIN ICH.

SAMY

HAYA

INHALT

N

NURIEL MOLCHO

ZU

Frühstück & Snacks

Nuriel, WIE FRÜHSTÜCKST DU?

Wir haben das Glück in unserer Familie, dass wir alle Morgenmenschen sind. Daher konnten wir immer schon die erste Mahlzeit des Tages ausgiebig genießen. Der Spruch: „Iss zum Frühstück wie ein Kaiser, zu Mittag wie ein König und abends wie ein Bettler!" hätte von den Molchos erfunden werden können! Selbst heute, da keiner von uns mehr bei den Eltern lebt, treffen wir uns jeden Sonntag daheim bei Haya zum Brunch.

Der größte Frühstücksgenießer ist mein Vater Samy. Er beteiligt sich auch aktiv an der Zubereitung der Speisen. Zum Beispiel ist er für den israelischen Salat zuständig, den keiner so macht wie er – allein deshalb, weil keiner von uns die Geduld hätte, die Gurken-, Tomaten-, Paprika- und Zwiebelstückchen so zu schneiden wie er. Er schneidet die Gemüse nämlich ganz fein, nicht zu groß und nicht zu klein. Samy macht das ganz genau und konzentriert; und solange ihn Haya in der Küche arbeiten hört, geht sie erst gar nicht rein.

WIR MOLCHOS TRAGEN ALLE EIN BISSCHEN EINE VAGABUNDEN-SEELE IN UNS.

Daher experimentieren wir schon beim Frühstück gern. Haya bereitet oft 15 verschiedene kleine Gerichte zu und steht fünf bis sechs Stunden in der Küche, nur um uns wieder etwas Neues aufzutischen: ein Porridge mit Kokos und Banane, einen Avocado-Kohlrabi-Aufstrich und selbst gemachtes Brot.
Im Sommer steht mehr Obst auf dem Tisch, im Winter wärmendes Gemüse. Was man immer bei uns findet, sind Labane – so heißt unser selbst gemachter Frischkäse –, Shakshuka, Bio-Eier und ein Smoothie.

Ich selbst bin ein großer Smoothies-Fan und mixe sie auch jeden Tag selbst. Deshalb stehen auch immer frisches Obst und Orangensaft bei mir im Kühlschrank. Ein Drink, der nicht nur gesund, sondern auch sättigend und ideal für zwischendurch ist – das mag ich. Mein absoluter Favorit aber ist Hayas Shakshuka, eine Art orientalisches Tomaten-Paprika-Chili-Ragout. Einerseits verbinde ich damit unsere vielen schönen Reisen nach Israel, andererseits ist es ein richtiges Powergericht. Gut auch als Katerfrühstück, vor allem wenn man darauf dann auch noch ein Spiegelei kocht!

– DAS PERFEKTE FRÜHSTÜCK?

Das geht natürlich bis zum Abend! Aber mit den Zutaten, mit denen uns Haya schon die ganze Kindheit und Schulzeit hindurch verwöhnt hat, kann man auch in zehn Minuten gut frühstücken.

Nuriel Molcho hält via Facebook die NENI-Fangemeinde über neue Rezepte und Veranstaltungen auf dem Laufenden. Er hat eine eigene Kunstsammler-Plattform lanciert (#neniartcollective) und er betreut die Presse.

Haferflocken-Karotten-Müsli

4 PORTIONEN
LEICHT

Für das Müsli

	Saft von ½ Zitrone
10 g	Ingwer, fein gerieben
500 ml	Karottensaft
20 g	Zucker (alternativ Honig oder Agavensirup)
250 g	Haferflocken

Zum Bestreuen

200 g	Karotten, gerieben
50 g	geröstete Mandeln
30 g	geröstete Pistazien
50 g	Rosinen

Außerdem

250 g	griechisches Joghurt

Für das Müsli alle Zutaten mischen und mindestens 4 Stunden ziehen lassen.

Aus der Müslimasse einen kleinen Berg formen und in der Mitte mit einem Löffel eine Grube bilden. Diese mit griechischem Joghurt füllen und das Ganze mit geriebenen Karotten, gerösteten Mandeln und Pistazien und Rosinen bestreuen.

HAFERFLOCKEN-
ROTE-BETE-MÜSLI
→ S. 18

HAFERFLOCKEN-
KOKOS-MÜSLI
→ S. 18

Haferflocken-Kokos-Müsli

4 PORTIONEN
LEICHT

Für das Müsli

250 ml	Kokosmilch
250 ml	Kokoswasser
40 g	Zucker
250 g	Haferflocken

Zum Bestreuen

	Fruchtfleisch von 1 Mango (ca. 450 g), gerieben
50 g	geröstete Kokosraspel
50 g	kandierte Kokoswürfel
70 g	Bananenchips
2	Bananen, geschält und gewürfelt (ca. 380 g)

Außerdem

150 g	griechisches Joghurt

Für das Müsli alle Zutaten mischen und mindestens 4 Stunden ziehen lassen.

Aus der Müslimasse einen kleinen Berg formen und in der Mitte mit einem Löffel eine Grube bilden. Diese mit griechischem Joghurt füllen und das Ganze mit geriebener Mango, gerösteten Kokosraspeln, kandierten Kokoswürfeln, Bananenchips und frischen Bananenwürfeln bestreuen.

Haferflocken-Rote-Bete-Müsli

4 PORTIONEN
LEICHT

Für das Müsli

500 ml	Rote-Bete-Saft
20 g	Zucker
250 g	Haferflocken

Zum Bestreuen

100 g	Rote Bete, gekocht, gerieben
400 g	säuerliche Äpfel (z.B. Elstar), gerieben
50 g	gemahlene Haselnüsse
30 g	geröstete Pistazien
50 g	Gojibeeren, eingeweicht (ergibt nach dem Einweichen ca. 130 g)

Außerdem

150 g	griechisches Joghurt

Für das Müsli alle Zutaten mischen und mindestens 4 Stunden ziehen lassen.

Aus der Müslimasse einen kleinen Berg formen und in der Mitte mit einem Löffel eine Grube bilden. Diese mit griechischem Joghurt füllen und das Ganze mit geriebener Roter Bete, geriebenen Äpfeln, gemahlenen Haselnüssen, gerösteten Pistazien und eingeweichten Gojibeeren bestreuen.

Sauerkirsch-konfitüre

1 KG KONFITÜRE
LEICHT

Für die Konfitüre

1,5 kg	Sauerkirschen (ohne Kerne 1 kg)
800 g	Zucker

Außerdem

1	großes Einmachglas

Die Sauerkirschen waschen und entkernen. In einem Topf die Sauerkirschen mit dem Zucker gut vermischen und bei hoher Hitze unter ständigem Rühren 20 Minuten lang kochen.

Die Kirschmasse auf 1-2 Bleche verteilen und auskühlen lassen, sodass der Dampf entweichen kann. 20 Minuten lang abkühlen lassen, dabei ein paar Mal durchrühren.

Einen großen Topf mit Wasser zum Kochen bringen und das Einmachglas für 20 Sekunden hineingeben. Anschließend wieder herausnehmen, das Glas entleeren (aber nicht trocknen) und sofort mit den Sauerkirschen füllen (bis zum Rand des Einmachglases, sodass möglichst kein Platz frei bleibt). Das Glas gut verschließen. (Wenn das Glas voll ist, muss es nicht gekühlt werden; wenn man es nicht ganz füllen kann, nach dem Abkühlen in den Kühlschrank stellen.) Im Kühlschrank ist die Konfitüre bis 3 Wochen haltbar, wenn das Glas voll ist, kann man es bis zu 1 Jahr lagern.

Bauernbrot

(OHNE KNETEN)

CA. 1KG BROT

MITTEL

800 g	Weizenmehl Type 550
10 g	Meersalz
1 EL	Zucker
5 g	Backmalz/Eismalz
10 g	frische Hefe (alternativ ½ TL Trockenhefe)
650 ml	lauwarmes Wasser
	Mehl für die Arbeitsfläche

Hayas Tipp:

Wer kein Backmalz hat, kann das Brot auch problemlos ohne backen. Das Malz führt der Hefe Nährstoffe zu, beschleunigt die Gärung und sorgt für einen runderen Geschmack.

Ruhezeit: Je mehr Zeit Sie dem Teig beim Fermentieren lassen, desto mehr Geschmack wird das Brot später haben. Die besten Resultate habe ich erzielt, wenn ich den Teig 12 Stunden im Kühlschrank ruhen lasse und danach weitere 5 Stunden bei Zimmertemperatur.

Backzeit und -temperatur: Je nach Backofen und Topf müssen Sie mit den Backzeiten experimentieren. In älteren Backöfen kann es durchaus bis zu 2½ Stunden dauern, bis das Brot gut durchgebacken ist. Geringere Temperaturen und längere Backzeiten führen grundsätzlich zu besseren Ergebnissen als die Turbomethode – Qualität braucht Zeit.

Das Mehl in eine große Schüssel geben. Salz, Zucker und Backmalz zugeben und vermischen.

Hefe in 650 Milliliter lauwarmem Wasser vollständig auflösen und zum Mehl geben. Die Flüssigkeit mit den Händen oder mithilfe eines Teigschabers ganz grob zu einem Teig vermengen. (Dieser Vorgang geht schnell und muss nicht besonders gründlich erfolgen – die Hefe wird in den nächsten Stunden die ganze Arbeit übernehmen. Achten Sie lediglich darauf, dass keine trockenen Mehlklumpen im Teig übrig bleiben.)

Die Schüssel mit einem Deckel oder mit Klarsichtfolie abdecken und den Teig mindestens 8, besser 10-20 Stunden, gehen lassen.

Einen runden, glasierten Tontopf oder einen Topf aus Gusseisen mit passendem Deckel und hitzebeständigen Griffen in den Backofen stellen und den Backofen auf 220 °C Umluft (240 °C Ober-/Unterhitze, Gas Stufe 5-6) vorheizen.

Den Topf aus dem Backofen nehmen und auf eine hitzefeste Platte stellen.

Den aufgegangenen Teig aus der Schüssel auf die gut bemehlte Arbeitsfläche gleiten lassen. Klebrige Teigreste mit einem Teigschaber zusammenkratzen und mit verwenden. Den Teig ganz locker von oben und unten je zu einem Drittel wie einen Geschäftsbrief zusammenfalten und mittig von rechts nach links zusammenklappen. Dabei den Teig nicht drücken oder kneten.

Die so entstandene fluffige Teigkugel mit bemehlten Händen zügig hochnehmen und in den heißen Topf gleiten lassen. Den Topf mit dem Deckel verschließen und sofort wieder in den Backofen stellen.

Nach circa 1 Stunde 20 Minuten den Deckel abnehmen und das Brot im offenen Topf weitere 45 Minuten backen, bis sich eine schöne Kruste bildet. Am Ende der Backzeit das Brot aus dem Topf nehmen und 1 gute Stunde auf einem Gitter gut auskühlen lassen.

12 PORTIONEN
LEICHT

Harissa

600 g	getrockneter edelsüßer Paprika (erhältlich im türkischen Lebensmittelhandel)
6 g	getrocknete Szechuan-Chilischoten
3 g	rote Chilischoten
400 g	frische rote Paprikaschoten
8-10	Knoblauchzehen
200 ml	Olivenöl
200 ml	Rapsöl
1 TL	Kreuzkümmelsamen
2 TL	geräuchertes Paprikapulver
1	Prise Salz

Bei den getrockneten Paprikaschoten und Szechuan-Chilischoten die Samen entfernen. Getrocknete Paprika über Nacht in Wasser einweichen und anschließend in einen Standmixer füllen.

Chilischoten und frische Paprika aufschneiden, entkernen und grob schneiden. Knoblauch abziehen.

Beide Ölsorten, Kreuzkümmelsamen, geräuchertes Paprikapulver, frische Paprika, frische Chilischoten und Knoblauch hinzufügen und pürieren, bis sich die Mischung bindet. Mit Salz würzen.

Hayas Tipp:

Man kann das Harissa mit einer Schicht Olivenöl bedeckt in einem Glas oder Tupperware problemlos 1 Woche gekühlt aufbewahren und zu verschiedenen Gerichten genießen.

6 PORTIONEN
LEICHT

Grüne Tahina

60 g	Petersilie
200 g	rohe Tahina
150 ml	Wasser
40 ml	Zitronensaft
1 ½ TL	Salz

Die Petersilie in heißem Wasser blanchieren und anschließend in Eiswasser abkühlen. Dann alle Zutaten in einem Standmixer mixen, bis eine cremige Konsistenz entsteht.

Burikas

4 PORTIONEN
MITTEL

40 ml	Wasser
1 EL	Mehl
4 Stück	gefrorener Frühlingsrollenteig (15 x 15 cm; erhältlich im Asiamarkt)
4	Eier
	Salz
	Rapsöl zum Frittieren

Hayas Tipp:

Zu diesem Snack oder Frühstück kann man je nach Geschmack Beilagen, Gemüse und Saucen variieren. Ich reiche zum Beispiel eingelegte Gurken, Zwiebeln und Harissa dazu, aber auch Joghurt oder Sauercreme und Tahina passen sehr gut.

Das Wasser und das Mehl glatt rühren, damit es wie ein Kleber verwendet werden kann. Den Frühlingsrollenteig einzeln in einer nicht zu tiefen Schüssel auslegen und auf dem oberen und am rechten Rand jeweils 2 Zentimeter mit dem Wasser-Mehl-Mix bestreichen. Dann in der Mitte jeweils 1 rohes Ei platzieren, etwas salzen und vorsichtig den Teig zu einem Dreieck falten.

Einen mittleren Topf etwa 6 Zentimeter hoch mit Rapsöl befüllen, stark erhitzen und die gefalteten Teigdreiecke mit dem Ei gefüllt vorsichtig frittieren, bis das Ganze schön goldbraun ist. Anschließend herausnehmen und auf einem Teller mit Küchenpapier abtropfen lassen. Noch etwas salzen.

Mediterraner Labane

6 PORTIONEN
LEICHT

1 kg	Joghurt
½ EL	Salz
30 g	sonnengetrocknete Tomaten
20 g	Kalamata-Oliven, entkernt
15 g	Basilikumblätter
5 g	Knoblauch
1 TL	Tomatenchips (erhältlich auf dem Markt)
2 TL	Olivenöl

Den Joghurt mit dem Salz vermengen. Die sonnengetrockneten Tomaten in Streifen schneiden, die Kalamata-Oliven grob zerhacken, Basilikum klein schneiden und alles dem Joghurt hinzufügen. Den Knoblauch abziehen und in den Joghurt pressen. Die Tomatenchips mit Olivenöl in einem Mörser zerstoßen und untermengen.

Die Joghurtmischung in ein Passiertuch geben und mit einem Faden zu einem Sack zusammenbinden. Anschließend mindestens 12 Stunden hängen lassen, am besten über dem Waschbecken. Je länger man ihn hängen lässt, desto fester wird die Konsistenz des Käses.

Neutraler Labane

6 PORTIONEN
LEICHT

1 kg	Joghurt
8 g	Salz
1	Prise gemahlener Kreuzkümmel

Joghurt, Salz und Kreuzkümmel gut vermengen. Die Joghurtmischung in ein Passiertuch geben und mit einem Faden zu einem Sack zusammenbinden. Anschließend mindestens 12 Stunden hängen lassen, am besten über dem Waschbecken. Je länger man ihn hängen lässt, desto fester wird die Konsistenz des Käses.

Hayas Tipp:

Hält 1 Woche im Kühlschrank. Passt perfekt am Abend zu frischem Brot.

Matbucha

(MAROKKANISCHER TOMATENSALAT)

10 PORTIONEN
LEICHT

	Salz
3 kg	Tomaten
60 g	Chilischoten
140 g	Knoblauch
100 ml	Olivenöl

Hayas Tipp:

Man kann größere Portionen Matbucha zubereiten, da es sich lange im Kühlschrank hält. Am besten schmeckt dieses Gericht im Sommer, wenn die Tomaten saftig und reif sind.

Für ein Frühstück à la Shakshuka in einer Pfanne mit aufgeschlagenen Eiern zugedeckt kurz köcheln lassen und mit frischen Kräutern und Brot servieren. Oder als Hauptgericht „Chraime mit Matbucha": In einer ofenfesten Form etwas Matbucha verteilen und darauf weißes Fischfilet geben. Das Ganze bei 150 °C 10 Minuten im Ofen backen und anschließend mit frischem Koriander servieren.

In einem Topf circa 5 Liter Wasser erhitzen, 50 Gramm Salz hinzugeben. Die Tomaten einritzen und darin für 15–20 Sekunden blanchieren (bis sich die Schale löst). Die Tomaten herausnehmen und in eiskaltes Wasser geben. Die Schale der Tomaten entfernen, Tomaten halbieren, dabei den grünen Strunk entfernen. Jede Tomatenhälfte in 6 Stücke schneiden.

Die Chilischoten putzen und fein hacken, Knoblauch abziehen und ebenfalls fein hacken. Einen schweren ofenfesten Topf auf dem Herd erhitzen. (Wenn man keinen Topf hat, der in den Ofen kann, sollte man den schwersten nehmen, den man hat.)

Wenn der Topf heiß ist, Olivenöl und Chilischoten hinzufügen. Bevor die Chilis dunkel werden, den Knoblauch hinzufügen. Bevor der Knoblauch Farbe bekommt, die Tomaten hinzufügen. 1 Esslöffel Salz hineingeben und das Ganze bei hoher Hitze für 5 Minuten kochen. Dann auf mittlerer Hitze 30 Minuten unter gelegentlichem Rühren weiterkochen lassen.

Jetzt hat man zwei Möglichkeiten: Entweder man gibt das Matbucha für 2½ Stunden bei 180 °C zugedeckt in den heißen Ofen (wenn man den passenden Topf hat). Oder man lässt es auf niedriger Stufe ohne Deckel 2 Stunden unter gelegentlichem Rühren weiter auf dem Herd kochen.

Mirin-Ponzu-Creme

10 PORTIONEN
LEICHT

1	große Knoblauchzehe
90 g	Eiweiß (von ca. 3 Eiern)
80 g	Joghurt
80 ml	Mirin
20 ml	Ponzu
1 EL	Wasabipaste
2 TL	Chiliflocken
200 ml	Olivenöl
250 ml	Rapsöl
	Salz

Knoblauch abziehen und pressen. Knoblauch, Eiweiß und Joghurt in einen hohen Rührbecher füllen.

Mirin, Ponzu, Wasabi und Chiliflocken hinzufügen und mit dem Stabmixer pürieren. Währenddessen 50 Milliliter Öl tröpfchenweise einlaufen lassen, bis die Mischung bindet.

Anschließend das restliche Öl in einem dünnen Strahl langsam zugeben und so lange pürieren, bis eine dicke Creme entsteht. Mit Salz abschmecken.

12 PORTIONEN
MITTEL

5 l	Milch
1 kg	Sahne
	Saft von 4 Zitronen
1 TL	Salz

Ricotta

Die Milch mit der Sahne in einen Topf geben und bei niedriger Temperatur erhitzen. Wenn die Milchmischung köchelt und circa 80 °C erreicht hat, den Zitronensaft und das Salz hinzufügen. Dann circa 2 Minuten weiter köcheln lassen, bis die Milch „bricht" und eine grobe Konsistenz bekommt.

Ein Stofftuch über eine Schüssel legen und die Flüssigkeit eingießen. Für 1 Stunde bei Zimmertemperatur stehen lassen, anschließend in den Kühlschrank stellen und je nach Geschmack genießen.

Hayas Tipp:

Wenn man kein Kochthermometer zu Hause hat, kann man auch einfach den Finger in die Milch halten: Wenn man bis drei zählt und es nicht mehr aushält, dann hat die Milch 80 °C erreicht. Der Ricotta kann auch mit dem Pflaumenchutney auf French Toast (siehe Seite 155) serviert werden. Man kann den Ricotta ganz vielseitig kombinieren, ich esse ihn auch gerne mit salzigen Beilagen wie zum Beispiel getrockneten Tomaten und Kalamata-Oliven oder mit einer selbst gemachten Focaccia (siehe Seite 122). In einem Behälter im Kühlschrank aufbewahrt hält der Ricotta bis zu 1 Woche.

1 STRIEZEL
MITTEL

14 g	Trockenhefe
1 kg	glattes Mehl
70 g	Zucker
350 ml	Wasser
140 g	geschmolzene Butter
2	Eier
150 g	Sahne
4 TL	Salz

Challa

(SCHABBATBROT)

Hefe, Mehl und Zucker langsam vermengen und nach und nach mit Wasser, Butter, Eiern und Sahne vermischen. Erst nach 5 Minuten das Salz hinzufügen, da Hefe und Salz sich nicht vertragen.

Den Teig für 1 Stunde abgedeckt im Kühlschrank ruhen lassen. Den Teig nach dem Ruhen in 6 Stücke teilen und flechten. Den geflochtenen Teig nach Wunsch in eine Kastenform geben, danach noch einmal an einem warmen Platz (nicht gekühlt) mindestens 1 Stunde ruhen lassen. Anschließend für 20 Minuten bei 190 °C backen.

Hayas Tipp:

Je länger man den geflochtenen Teig ruhen lässt, desto fluffiger ist der Striezel nach dem Backen.

Kubaneh

(JEMENITISCHES BROT)

1 BROT
MITTEL

Für den Teig

600 g	Mehl
15 g	Trockenhefe
100 g	Zucker
2 TL	Salz
1	Ei
240 ml	Wasser
35 g	weiche Butter

Außerdem

2	Kuchenformen à 24 cm Durchmesser oder
1	große Form à 48 cm Durchmesser
	Butter für die Form(en) und die Hände
175 g	weiche Butter zum Formen

Hayas Tipp:

Man kann das Kubaneh auch in einem großen ofenfesten Topf backen, wenn man keine andere Form mit Deckel hat. Aber der Topf muss ofenfest sein, und man muss den Topf dann 5 Minuten länger im Ofen lassen.

Für den Teig alle Zutaten außer der weichen Butter in einer Küchenmaschine mit Teigaufsatz bei mittlerer Geschwindigkeit für 10 Minuten verrühren. Dann den Teig für 15 Minuten ruhen lassen, anschließend die weiche Butter hinzufügen und weitere 5 Minuten verrühren. Dann weitere 15 Minuten ruhen lassen und danach 3 Minuten verrühren.

Eine Kuchenform mit glatter Oberfläche und Deckel mit geschmolzener ausgekühlter Butter einreiben. Auch den Deckel mit Butter fetten.

Den Teig halbieren und jedes Stück in 7 gleichmäßige kleine Kugeln teilen. Die Hände gründlich mit Butter einfetten und jede Kugel mit etwas Butter umhüllen. Anschließend jede Kugel mit einer Teigrolle vorsichtig ausrollen (etwas größer als eine Handfläche, ca. 10 x 15 Zentimeter). Anschließend jeden Fladen der Länge nach wie ein Röllchen aufrollen, wieder mit Butter bestreichen und zu einer Schnecke einrollen. Alle Kugeln auf diese Weise zu Schnecken verarbeiten.

Die Schnecken in der mit Butter gefetteten Form nebeneinander platzieren. Dann zugedeckt 75 Minuten ruhen lassen. Anschließend bei 170 °C im heißen Ofen für 25 Minuten backen, dann die Temperatur auf 200 °C erhöhen und das Kubaneh 10 Minuten weiter backen lassen.

Muhammara

(SYRISCHER PAPRIKA-NUSS-AUFSTRICH)

4 PORTIONEN
MITTEL

4	rote Paprikaschoten
150 g	Walnüsse
½	rote Chilischote
2	Knoblauchzehen
1 EL	Granatapfelsirup
½ TL	Salz
50 ml	Olivenöl

Den Ofen auf 220 °C vorheizen. Die Paprika auf einem Gitterrost in den heißen Ofen geben und warten, bis die Schale schwarz wird. Anschließend im Ofen lassen (ca. 30 Minuten), dabei immer wieder wenden, sodass die Schale auf allen Seiten schwarz wird.

Die Walnüsse ebenfalls auf einem Blech in den heißen Ofen geben und nach circa 7 Minuten herausnehmen.

Paprika abkühlen lassen, dann schälen, die Kerne entfernen und das Fruchtfleisch klein schneiden. Chilischote waschen, entkernen und klein schneiden. Knoblauch abziehen.

Alle Zutaten in einen Standmixer geben und pürieren (die Masse soll nicht zu fein werden). Abschmecken und nach Geschmack noch zusätzlich nachwürzen.

Hayas Tipp:

Am besten schmeckt mir Muhammara mit meinem hausgemachten Brot (siehe Seite 20). Für meinen Sohn Elior, der ein Fleischliebhaber ist, gebe ich oben drauf noch etwas Chorizo.

Burekas

10 STÜCK
MITTEL

Für den Teig

- 700 g glattes Mehl
- 450 ml Mineralwasser mit Kohlensäure
- 2 ½ TL Salz
- Rapsöl zum Einlegen

Für die Fleischfüllung

- 750 g Lauch
- 25 ml Olivenöl oder Ghee
- ½ TL grobes Meersalz
- 1 kg Entrecôte (Steak aus dem Zwischenrippenstück vom Rind)
- 30 g Pinienkerne
- 40 g Petersilie
- 1 Prise Zimtpulver
- 1 Messerspitze Kardamompulver

Für die Auberginenfüllung

- 1 kg Auberginen
- 100 g Kaschkawal (erhältlich in türkischen Märkten; alternativ harter Schafskäse)
- 2 EL Olivenöl
- ½ TL schwarzer Pfeffer, geschrotet

Für die Spinatfüllung

- 1 kg Blattspinat
- ½ TL Salz
- 50 g Butter
- 250 g Feta
- 200 g Kaschkawal
- 2 Eier
- 2 EL Semmelbrösel

Das Mehl mit dem Mineralwasser und dem Salz langsam 6 Minuten lang in der Küchenmaschine zu einem glatten Teig rühren. Anschließend 4 Minuten bei hoher Geschwindigkeit mit einem Teigaufsatz fertig verarbeiten. Den Teig in einer Schüssel zugedeckt im Kühlschrank 1 Stunde ruhen lassen.

Den Teig in kleine Kugeln à 80 Gramm formen. Ein Gefäß mit Rapsöl füllen, die Kugeln hineingeben und mindestens 8 Stunden darin einlegen.

Für die Fleischfüllung den Lauch waschen, putzen und in feine Ringe schneiden (nur den weißen Teil des Lauchs verwenden). Die Lauchringe bei niedriger Temperatur in Olivenöl oder Ghee karamellisieren, anschließend mit Salz würzen und abkühlen lassen. Das Fleisch fein hacken (oder schon beim Metzger frisch faschieren lassen) und in einem breiten, flachen Topf bei hoher Hitze anrösten. Wichtig ist, dass die Menge des Fleisches beim Anbraten in zwei Mengen geteilt wird, um den Geschmack des Fleisches zur Geltung zu bringen. Es soll auch darauf geachtet werden, dass während des Anbratens das Fleisch nur zerkleinert, aber nicht dauernd gerührt wird; nur einmal wenden, wenn es auf einer Seite dunkel wird.

Das Fleisch mit dem Lauch vermengen. Die Pinienkerne in einer kleinen Pfanne ohne Fett goldbraun anrösten. Die Petersilie grob hacken und zum Fleisch geben, mit Zimt und Kardamom abschmecken. Die gerösteten Pinienkerne hinzufügen. Abkühlen lassen.

Für die Auberginenfüllung die Auberginen im Ganzen am Gasherd auf einem Gitter, auf einem Grill oder im Backofen auf 250 °C grillen, bis die Auberginen außen schwarz und innen weich sind. Anschließend halbieren, die Schale abziehen, das Fruchtfleisch in ein Sieb geben und 30 Minuten abtropfen lassen. → S. 36

→ Fortsetzung von S. 35

Hayas Tipp:

Die Füllungen können auch einen Tag zuvor zubereitet und gekühlt aufbewahrt werden. Beim Kauf von Auberginen immer darauf achten, dass sie leicht sind, das bedeutet dass sie weniger Kerne und umso mehr Fruchtfleisch haben. Die Auberginenfüllung lässt sich problemlos einfrieren, man kann die Füllung dann auftauen, den Bureka-Teig frisch zubereiten und so den Gästen immer Füllungsvariationen bieten.

Danach mit einem Holzlöffel in einer Schüssel klein zerhacken. (Wichtig: Die Schale nicht mit verwenden!) Den grob gehackten Kaschkawal, Olivenöl und Pfeffer untermengen.

Den Spinat waschen und in einem großen Topf mit Salz bei hoher Temperatur erhitzen, bis der Spinat schrumpft. Danach die Butter hinzufügen, vermischen, bis die Butter schmilzt. Feta und Kaschkawal klein schneiden, mit der Spinatmischung, Eiern und Semmelbrösel vermengen und abkühlen lassen.

Die Arbeitsfläche mit Rapsöl gut einreiben, die Teigkugeln vorsichtig (unbedingt mit den Händen) auseinander ziehen, bis der Teig hauchdünn ist und eine große Kreisform auf der Arbeitsfläche entsteht. Die Füllung im ersten Viertel des Teiges platzieren und quer in einer Linie verteilen. Danach den Teig vorsichtig zu einer Schlange aufrollen. (Es kann während des Rollens passieren, dass kleine Risse im Teig entstehen, das ist aber kein Problem, da er im letzten Schritt zu einer Schnecke geformt wird.) Die Schlange zu einer Schnecke einrollen. Im vorgeheizten Ofen bei 180 °C circa 30 Minuten backen, bis sie schön goldbraun sind.

Eingelegte Zitronen

1 GROSSES EINMACHGLAS

LEICHT

5	Bio-Zitronen
100 g	grobes Meersalz
50 g	Zucker
20 ml	Zitronensaft, frisch gepresst
40 ml	Olivenöl

Jede Zitrone heiß waschen, trockenreiben, in 5 Scheiben schneiden und die Kerne der Zitronen entfernen. Mit Salz, Zucker und Zitronensaft vermischen und über den Tag verteilt immer wieder umrühren.

Nach etwa 10 Stunden (kann aber auch länger sein) nochmals vermischen und alles in ein Einmachglas geben und mit Olivenöl aufgießen. Nach 20 Tagen sind die Zitronen fertig. Währenddessen das Glas immer mal wieder schütteln.

Maisfalafel

10 PORTIONEN
MITTEL

150 g	Popcorn
10 g	Knoblauch
½	Bird-Eye-Chilischote
40 g	Koriandergrün
500 g	Mais aus der Dose
90 g	Speisestärke
20 ml	Limettensaft
15 g	Meersalz
100-150 ml	Mineralwasser mit Kohlensäure
500 ml	Rapsöl zum Frittieren

Popcorn entweder fertig kaufen oder selbst zubereiten. Anschließend 100 Gramm Popcorn in einem Standmixer fein mahlen. Knoblauch abziehen und klein schneiden. Chilischote waschen, entkernen und klein schneiden.

Koriander waschen, trockenschwenken und zupfen. Den Mais aus der Dose mit einem Sieb abseihen und gut abwaschen.

Korianderblättchen, Knoblauch, Chili und Mais in einem Standmixer pürieren. Die Masse mit Speisestärke, Popcornmehl, Limettensaft und Salz mischen. Am Schluss Mineralwasser hinzufügen und 50 Gramm Popcorn (nicht zerkleinert!) hinzufügen.

In einem Topf das Öl auf circa 170 °C erhitzen.

Aus der Masse mit einem Löffel kleine Bällchen oder Nockerl formen. Etwas Teig herausstechen und mit einem zweiten, gleich großen Löffel fest zusammendrücken und formen. Die Falafel im heißen Fett goldbraun backen. Anschließend auf Küchenpapier abtropfen lassen.

Hayas Tipp:

Zu Maisfalafel passt ideal die Mirin-Ponzu-Creme (siehe Seite 27).

Salată de icre

(RUMÄNISCHE VORSPEISE)

10 PORTIONEN
LEICHT

- 2 Scheiben Challah (siehe Seite 28)
- 100 ml Milch
- 100 g Karpfeneier (beim Fischhändler danach fragen)
- 500 ml Rapsöl
- Saft von 1 Zitrone
- ½ EL Salz
- Bauernbrotscheiben, Kalamata-Oliven und frische rote Zwiebelwürfel zum Servieren

2 Scheiben Challah 10 Minuten in Milch einweichen, dann ausdrücken und beiseitelegen.

In einem Mixer nur die Fischeier schlagen, bis sie immer heller werden. Die ausgedrückten Challah-Scheiben hinzufügen. Dann wie bei einer Mayonnaise mit Rapsöl und Zitronensaft weiter schlagen, bis eine gleichmäßige Konsistenz entsteht. Anschließend mit Salz würzen und im Kühlschrank aufbewahren.

Zum Servieren Bauernbrotscheiben mit Salată de icre bestreichen und mit geschnittenen Kalamata-Oliven und frischen roten Zwiebelwürfeln dekorieren.

Hayas Tipp:
Salată de icre ist eine rumänische Vorspeise, die ich in meiner Kindheit in Rumänien immer gegessen habe. Man kann seinen Fischhändler fragen, ob er die Eier aufbewahren kann, da Karpfeneier hierzulande eher als Abfallprodukt gelten. In Griechenland nennt man diese Speise Taramosalata.

Marokkanische Zigarren

14-16 STÜCK
MITTEL

250 g	weiße Zwiebeln
50 ml	Olivenöl
150 g	Rinderhackfleisch (40 % Fettanteil)
150 g	Hühnerleber
	Pfeffer aus der Mühle
½ TL	Salz
2 TL	Zucker
1 EL	Sauerkirschkonfitüre (siehe Seite 19)
30 g	geröstete Pinienkerne
20 g	Petersilie, fein gehackt
20 ml	Cognac oder Brandy
1 EL	Mehl
40 ml	Wasser
14-16 Stück	gefrorener Frühlingsrollenteig (15 x 15 cm; erhältlich im Asiamarkt)
	Rapsöl zum Frittieren
50 g	Sauerkirschkonfitüre zum Servieren

Zwiebeln abziehen und hacken. In einer großen Pfanne 1/3 des Olivenöls erhitzen, die Zwiebeln darin bei niedriger Temperatur unter Rühren braten, bis die Zwiebeln karamellisiert sind. Die Zwiebeln in eine Schüssel geben und beiseitestellen.

Die Pfanne auswischen und wieder erhitzen. Wieder 1/3 des Olivenöls erhitzen und das Hackfleisch bei hoher Hitze krümelig braten. Zu den Zwiebeln in die Schüssel geben.

Die Pfanne wieder auswischen und mit dem restlichen Olivenöl erhitzen. Die Hühnerleber darin mit Pfeffer würzen und bei mittlerer Hitze rösten, bis sie Farbe genommen hat. Nach circa 3 Minuten wenden und weitere 2 Minuten rösten. Ein Stück Leber mittig auseinanderschneiden und schauen, ob die Leber durchgebraten ist. Die Leber abkühlen lassen und mit einem Messer fein hacken.

Salz, Zucker, Konfitüre, Pinienkerne, Petersilie, Cognac und die Leber mit der Zwiebel-Hackfleisch-Mischung gut vermischen und die Masse in einen Spritzbeutel füllen. Wenn man keinen hat, einen Teelöffel verwenden.

Mehl und Wasser glatt verrühren. Den Frühlingsrollenteig einzeln auslegen und die Fleischmasse jeweils 2 Zentimeter breit auf dem unteren Teil des Teiges aufspritzen oder mit dem Löffel darauf verteilen. Auf der rechten und linken Seite jeweils 2 Zentimeter frei lassen, dann die rechte und die linke Seite einklappen und das Ganze nach oben aufrollen. Die oberen 2 Zentimeter mit dem Wasser-Mehl-Mix bestreichen und fertig aufrollen.

Einen mittleren Topf etwa 6 Zentimeter hoch mit Rapsöl befüllen, stark erhitzen und die ersten 5 Röllchen vorsichtig frittieren, bis sie goldbraun sind. Anschließend herausnehmen und auf einem Teller mit Küchenpapier abtropfen lassen. Mit den restlichen Röllchen ebenso verfahren.

Mit Sauerkirschkonfitüre als Dip servieren.

MEINE Käse-CONNECTION

„FLIEGEN KANN ICH SCHNELL, ABER AUF DEN BODEN BRINGEN, DAS IST JA DIE SCHWIERIGE GESCHICHTE. AUF DEN BODEN BRINGEN MICH DIE TIERE.

OHNE TIERE WÄRE ICH SCHON WEG-GEFLOGEN. DIE TIERE UND IHR RHYTHMUS, DIE VERANTWOR-TUNG, ALLES, WAS SIE VON MIR FORDERN, TÄGLICH."

Robert Paget, Käsemacher

→ S. 174

Lesen Sie im Glossar, wie man Käse am besten aufbewahrt und woran man seine Qualität erkennt. Tipps von Robert Paget.

GLEICH EIN PAAR DINGE VERBINDEN MICH MIT DEM ÖSTERREICHISCHEN BÜFFELZÜCHTER UND KÄSEMACHER ROBERT PAGET: SEINE EXPERIMENTIERFREUDIGKEIT – ÄHNLICH WIE ICH HAT ER „NACH DER TRIAL-AND-ERROR-METHODE EINFACH ANGEFANGEN", ERZÄHLT ER. UND SEINE FREUDE AM MIXEN VERSCHIEDENER ZUTATEN: „UM MEINE KÄSE ZU MACHEN, MISCHE ICH DIE MILCH VON VERSCHIEDENEN ZIEGENRASSEN MIT BÜFFELMILCH", ERKLÄRT ER. UND SEINE LEIDENSCHAFT! ICH VERSTEHE GUT, WENN ER ÜBER SEINEN BERUF SAGT: „DAS IST DER MITTELPUNKT MEINES LEBENS GEWORDEN, WAHRSCHEINLICH IST ES DESHALB SO AUFGELADEN MIT ENERGIE."

…nafeh
…EHE REZEPT
… S. 159

E

ELIOR MOLCHO

ZU

Salate & Suppen

Elior,

WOHER NIMMST DU DEINE ENERGIE?

Mein Bruder Nuriel und ich waren immer schon die Nascher in der Familie. Wobei ich, wenn ich „Nascher" sage, nicht an Süßigkeiten denke, sondern eher an die kleinen Snacks zwischendurch. Wenn bei anderen Familien Chips, Erdnussflocken oder Popcorn auf dem Tisch standen, gab es bei uns immer Mezze – so bezeichnet man orientalische Vorspeisen – und Suppen. Vor allem mit den Suppen verbinde ich viele Kindheitserinnerungen. Es gab sie an jedem jüdischen Feiertag, eigentlich jeden Sabbat, also einmal in der Woche. Besonders zu Pessach, das an den Auszug der Israeliten aus Ägypten und die Flucht vor der Sklaverei erinnert, war die Suppe für uns Kinder der Retter: Während der Gebete konnten wir uns immer wieder heimlich in die Küche schleichen und aus dem großen Topf am Herd naschen, ohne dass es auffiel. Am Sederabend, der den Auftakt zu den

Feiertagen bildet, mussten wir oft zwei Stunden lang warten, bis es das Essen gab – und das obwohl das ganze Haus von den herrlichsten Düften erfüllt war. Ich weiß gar nicht, wie wir das ohne Mazzesknödel-, Mais- oder Rote-Rüben-Suppe überlebt hätten!

Suppen sind für mich „leckere Vitaminspritzen", denn eigentlich bin ich der Fleischesser in der Familie. Man muss mich also ein bisschen austricksen, damit ich genug Gesundes esse. Hummus ist perfekt zum Tricksen – er hat viele Vitamine, ist nahrhaft und schmeckt richtig gut. Als ich noch ein Kind war, hat mir Haya immer Brote mit Hummus und viel Prosciutto oder Chorizo-Salami darauf gemacht. Heute esse ich ihn auch gern mit Gemüsesticks – frische Gurken, Karotten und knackiger Paprika, die in dünne Stifte geschnitten und dann gedippt werden. Ich denke, dass Hummus bei unserer ganzen Familie zum fixen Wohninventar zählt – jeder von uns hat ihn daheim im Kühlschrank, weil er so vielfältig kombiniert werden kann und gesund ist.

Snacks haben auf unserem Familientisch immer eine zentrale Rolle gespielt; sie waren ein Ausdruck von Hayas Experimentierfreude.

VIELES VON DEM, WAS HEUTE AUF DER NENI-SPEISEKARTE ZU FINDEN IST, HAT ALS KLEINER IMBISS BEGONNEN, DER MIT DER ZEIT WEITERENTWICKELT WURDE.

Mir gefällt auch die Idee des Teilens, die hinter Snacks steht: denn sie werden ja nicht individuell auf Tellern serviert, sondern in kleinen Schüsseln, die man in die Mitte des Tisches stellt. Da greift jeder zu, wie er will!

Elior Molcho ist immer vor Ort im NENI am Naschmarkt; er betreut das Catering und sorgt dafür, dass die NENI-Mezze selbst bei Großevents wie dem Life Ball alle Gäste erreichen.

Mango-Papaya-Salat

8 PORTIONEN
MITTEL

Für das Dressing

2	Schalotten
2	Knoblauchzehen
1	Bird-Eye-Chilischote
	Öl zum Anbraten
25 g	Koriandergrün, fein gehackt
15 g	frische Verveineblätter (Eisenkraut), fein gehackt
20 ml	Austernsauce
200 ml	Limettensaft
100 ml	Öl
50 g	Zucker
10 g	roher Jasminreis

Für den Salat

1	unreife Mango
1	unreife Papaya
100 g	geröstete Cashewnüsse, gehackt

Für das Dressing Schalotten und Knoblauch abziehen und fein schneiden. Chilischote waschen, längs halbieren, entkernen und klein schneiden.

Öl in einer Pfanne erhitzen und den Knoblauch und die Schalotten langsam darin anbraten, bis sie braun werden. Dann Chili hinzufügen.

Die Knoblauch-Chili-Mischung in eine Schüssel füllen. Koriandergrün, Verveine, Austernsauce, Limettensaft, Öl und Zucker zugeben und gründlich vermischen.

Den Reis in einer trockenen Pfanne hellbraun anrösten und anschließend fein mörsern. Den fein gemahlenen Reis zugeben, untermischen und das Dressing 1 Stunde ziehen lassen.

Für den Salat Mango und Papaya schälen, in feine Juliennestreifen schneiden und mit dem Dressing vermischen. Mindestens 30 Minuten marinieren. Cashewkerne in einer trockenen Pfanne anrösten, anschließend hacken und den Salat damit garnieren.

Hayas Tipp:

Zum Frühstück serviere ich den Mango-Papaya-Salat mit einem frittierten Ei. Dazu nehme ich viel Rapsöl in eine tiefe Pfanne, schwenke das Spiegelei immer wieder und gebe immer wieder Öl dazu.

4 PORTIONEN
MITTEL

Für den Fenchel

250 g	Fenchel
100 g	Orangenfilets
1 TL	Zucker
100 ml	Zitronensaft
20 ml	Olivenöl
	etwas Salz

Für das Kräuteröl

200 g	Petersilie
40 g	Minze
20 g	Koriandergrün
40 g	grüne Peperoni
40 g	Frühlingszwiebel
40 g	Knoblauch
	Saft und abgeriebene Schale von ½ Zitrone
1 TL	Salz
1	Prise Cumin (Kreuzkümmel)
1 l	Olivenöl

Für die Bohnen

½	Zwiebel
1	Chilischote
500 g	Tatarenbohnen
1	Stängel Salbei
	Salz
	Zitronensaft

Für den Salat

½	Bio-Zitrone mit Schale, in Würfeln
	Orangenfilets und frische Kräuter (z.B. Petersilie, Koriander, Schnittlauch) für die Dekoration
	rote Zwiebelringe und Labane (oder Schafskäse) zum Servieren

Bohnensalat

MIT FENCHEL & ORANGEN

Fenchel putzen und in feine Scheiben hobeln. Fenchel in eine Schüssel geben. Orangenfilets, Zucker, Zitronensaft, Olivenöl sowie etwas Salz zugeben und vermischen. Die Mischung in einen Beutel mit Zippverschluss füllen, die Luft entweichen lassen (oder vakuumieren) und im Kühlschrank mindestens 6 Stunden ziehen lassen.

Für das Kräuteröl Petersilie, Minze und Koriandergrün waschen, trockenschütteln und zupfen. Peperoni entkernen. Frühlingszwiebeln waschen, putzen und grob zerkleinern. Knoblauch abziehen. Gezupfte Kräuter, Peperoni, Knoblauch und Frühlingszwiebeln in einen hohen Rührbecher füllen. Zitrusabrieb, Zitronensaft, Salz und Kreuzkümmel hinzufügen. Das Olivenöl zugeben und die Mischung mit dem Stabmixer pürieren.

Für die Bohnen die Zwiebel abziehen und vierteln. Chilischote halbieren. Bohnen in einen Topf füllen, Zwiebelstücke, Chili und Salbei zugeben und zum Kochen bringen. So lange kochen lassen, bis die Bohnen weich sind. Dann durch ein Sieb abgießen, Zwiebel, Salbei und Chili entfernen und mit Salz und Zitronensaft abschmecken. Mit dem Kräuteröl mischen und beiseitestellen.

Den Salat aus Bohnen, Fenchel, Orangenfilets, Zitronenwürfeln (mit der Schale) und frischen Kräutern anrichten, mit Zitronensaft und Olivenöl abschmecken und mit roten Zwiebelringen und Labane (oder Schafskäse) servieren.

Feigen-Kaktusfrucht-Salat

4 PORTIONEN
LEICHT

500 g	Kaktusfrüchte
200 g	Feigen
	Salz
100 g	Ziegenweichkäse
160 g	Prosciutto
40 g	Parmesan, frisch gehobelt
30 ml	Olivenöl
2 EL	Balsamico-Reduktion (siehe Tipp)

Die Kaktusfrüchte schälen und in 1 Zentimeter dicke Scheiben schneiden. Feigen vierteln und mit den Kaktusfrüchten in eine Schüssel geben. Mit 1 Prise Salz würzen.

Den Ziegenweichkäse grob mit den Händen zerpflücken und hinzufügen. Prosciutto und Parmesan zugeben. Zuletzt Olivenöl und Balsamico-Reduktion hinzufügen.

Hayas Tipp:

Für eine Balsamico-Reduktion 500 Milliliter Aceto balsamico mit 500 Gramm Honig, 500 Milliliter Wein und 3 Zweigen Thymian in einem Topf mindestens 30 Minuten auf niedriger Hitze reduzieren und anschließend auskühlen lassen. Die Kaktusfrüchte heißen auf Hebräisch „Sabres" – diesen Begriff verwendet man auch für Menschen, die außen „stachelig" und innen weich sind.

Pulled-Chicken-Salat mit Bohnen und Kartoffeln

6–8 PORTIONEN
MITTEL

Für das Pulled Chicken

1	Zwiebel
1	Maispoularde (1,8–2 kg)
1	Frühlingszwiebel
10 g	Thymian
70 ml	Olivenöl
6 EL	Zhug und Saft von 1 Zitrone zum Marinieren

Für den Salat

500 g	junge Kartoffeln
300 g	Stangenbohnen
	Salz
100 g	Romanasalat

Für die Marinade

2 TL	Salz
70 g	feiner Dijonsenf
40 ml	Zitronensaft
20 g	Zucker
15 g	Knoblauch
300 ml	Olivenöl
100 ml	Rapsöl
20 g	Dill, fein geschnitten

Die Zwiebel abziehen und in 6 Stücke schneiden. Die Poularde in einen großen Zipperbeutel geben. Frühlingszwiebel waschen, putzen und klein schneiden. Zwiebelstücke, Frühlingszwiebeln, Thymian und Olivenöl zur Poularde geben, die Luft herausdrücken (oder -saugen) und den Beutel fest verschließen. Die Poularde bei 70 °C im Wasserbad circa 2 Stunden garen.

Den Backofen auf 230 °C (Umluft 210 °C, Gas Stufe 5) vorheizen.

Die Poularde aus dem Beutel nehmen, auf einen Rost legen und im heißen Backofen 45–60 Minuten goldbraun rösten. Anschließend das Fleisch vom Knochen lösen, auseinanderpflücken und mit Zhug und Zitronensaft marinieren.

Kartoffeln und Stangenbohnen in Salzwasser weich kochen. Anschließend abgießen und abschrecken. Romanasalat waschen, trockenschütteln und in mundgerechte Stücke teilen.

Für die Marinade Salz, Dijonsenf, Zitronensaft, Zucker und Knoblauch in einem Mixer langsam mixen und nach und nach beide Öle hinzufügen, sodass eine leichte Bindung wie bei einer Mayonnaise entsteht. Zum Schluss fein geschnittenen Dill unterrühren. Die Marinade über Bohnen, Kartoffeln und Poulardenfleisch gießen.

Asiatischer Salat mit Karottenvinaigrette

8-10 PORTIONEN
LEICHT

Für das Dressing

20 g	Karotte
50 g	Kecap Manis (erhältlich im Asiamarkt)
1 EL	Reisessig
½ TL	Sojasauce
½ TL	Sojaöl
10 ml	Limettensaft
50 ml	Rapsöl

Für den Salat

2	Karotten
2	kleine Gurken
2	grüne Salatherzen
100 g	Chinakohl
	Kerne von ½ Granatapfel

Für das Dressing die Karotte schälen und fein reiben. Mit den restlichen Dressingzutaten bis auf das Rapsöl in einen Standmixer geben, pürieren und am Schluss das Rapsöl langsam dazugeben.

Für den Salat Karotten und Gurken waschen und beides in feine Streifen (Julienne) schneiden. Salatherzen waschen, trockenschütteln und grob schneiden. Chinakohl waschen, trockenschütteln und in Streifen schneiden.

Alle Zutaten für den Salat in eine Schüssel geben und gut mit dem Dressing durchmischen.

Hayas Tipp:

Dieser Salat passt herrlich zu unserem Koreanischen Chicken (siehe Seite 90).

Käferbohnensalat mit Flanksteak

4 PORTIONEN
MITTEL

Für die Käferbohnen

400 g	getrocknete Käferbohnen
2	Lorbeerblätter
5	ganze Pfefferkörner
2 TL	Sojasauce

Für das Flanksteak

200 g	Flanksteak
1½ TL	Salz
750 ml	Wasser
½ TL	ganze Pfefferkörner
2	Lorbeerblätter
ca. 5	Wacholderbeeren

Für das Dressing (30 ml pro Portion)

200 ml	Wasser
30 ml	Zitronensaft
	Salz
250 g	rohe Tahina
15 ml	Kürbiskernöl

Für den Salat

160 g	rote Zwiebeln
60 ml	Aceto balsamico
80 ml	Olivenöl
80 g	gemischter Blattsalat (verzehrfertig)
40 ml	frischer Zitronensaft
1½ TL	Salz
40 g	geröstete Kürbiskerne

Die Käferbohnen über Nacht in Wasser einweichen. Dann abschütten und in einen Topf mit frischem Wasser geben. Käferbohnen mit Lorbeerblättern, Pfefferkörnern und Sojasauce im Schnellkochtopf circa 30 Minuten kochen. Anschließend abgießen.

Für das Flanksteak alle Zutaten in einen Schnellkochtopf geben und bei mittlerer Hitze 1 Stunde lang kochen lassen.

Für das Dressing in einer Schüssel das Wasser, Zitronensaft und Salz mit einem Schneebesen verrühren. Die rohe Tahina langsam unterrühren und gut weiterrühren. Wenn die Paste glatt ist, das Kürbiskernöl zugeben.

Für den Salat rote Zwiebeln abziehen und in dünne Ringe schneiden. Die Zwiebelringe und die gegarten Käferbohnen in eine Schüssel geben. Aceto balsamico, Olivenöl und den gemischten Salat dazugeben.

Das Fleisch mit den Händen in kleine Stücke zupfen und zum Salat geben. 30 Milliliter pro Portion des Tahina-Dressings auf dem Teller darüberträufeln. Dann jeweils mit 1 Esslöffel frischem Zitronensaft, etwas Salz und gerösteten Kürbiskernen verfeinern.

Marokkanischer Artischockensalat mit Harissa

4-6 PORTIONEN
MITTEL

400 g	frische Artischockenherzen
	Salz
50 ml	Olivenöl
1	Prise Salz
40 g	Harissa (siehe Seite 22)
1 TL	Zucker
1	Spritzer Limettensaft
ca. 1 EL	eingelegte Zitronen
	Korianderblätter zum Garnieren

Die Artischockenherzen in 2 Liter Wasser mit 20 Gramm Salz für 15 Minuten köcheln lassen, bis sie bissfest sind. Anschließend herausnehmen und halbieren. Olivenöl in einer Pfanne erhitzen und die Artischocken bei mittlerer Hitze anrösten, bis sie eine goldbraune Farbe haben. Dann Salz hinzufügen. Die Artischocken mit einem Schaumlöffel herausheben und auf Küchenpapier das Öl etwas abtropfen lassen.

In einer Schüssel die Artischocken mit Harissa, Zucker und Limettensaft gut vermischen. Am Schluss die eingelegten Zitronen hacken, untermengen und das Ganze nach Wunsch mit Korianderblättchen garnieren.

Maschauscha

(ISRAELISCHER KICHERERBSEN-SALAT)

4 PORTIONEN
LEICHT

100 g	getrocknete Kichererbsen
20 g	große grüne Chilischoten
50 g	rote Zwiebeln
60 ml	Olivenöl
50 g	Petersilie, fein gehackt
1 TL	Salz
30 ml	Zitronensaft
10 g	Koriandergrün, gehackt

Die Kichererbsen über Nacht voll bedeckt mit Wasser einlegen, am nächsten Tag abgießen und abbrausen und in einem Topf mit neuem Wasser 2 Stunden oder im Schnellkochtopf 30 Minuten kochen (auf mittlerer Stufe).

Die Kichererbsen abschütten und entweder lauwarm oder gekühlt weiterverarbeiten. Chilischoten waschen und fein hacken. Rote Zwiebeln abziehen und hacken. Beides in einer Schüssel mit allen restlichen Zutaten und den Kichererbsen vermengen.

Hayas Tipp:

Das Gericht ist noch besser, wenn man Hummus dazu serviert (z.B. NENI am Tisch Hummus von Spar). So kann man Maschauscha perfekt auf einem Bett von Hummus und roher Tahina garnieren.

Mungobohnen-Curry-Suppe

10 PORTIONEN
MITTEL

500 g	Mungobohnen
200 g	mittelgroße Karotten
2 TL	Öl
500 g	Zwiebeln
4-5	Knoblauchzehen
50 g	grüne Chilischoten
120 g	frischer Ingwer, fein gerieben
250 ml	Weißwein
1 TL	Kreuzkümmelsamen
25 g	indische Zimtstangen
25 g	gemahlene Kurkuma
4,5 l	Gemüsebrühe
1 l	Kokosmilch
25 g	eingelegte Zitronen
	Saft und abgeriebene Schale von 1 ½ Zitronen
	Meersalz
1 TL	schwarze Sesamsamen
	Tomatenkerne von 1 großen Tomate

Die Mungobohnen in einem Sieb drei Mal kurz mit kaltem Wasser abspülen und anschließend mindestens 30 Minuten in kaltem Wasser einweichen. Dann abseihen und abtropfen lassen.

Die Karotten waschen, putzen und klein schneiden. In einem großen Topf das Öl erwärmen, die Karotten zugeben und darin anschwitzen.

Zwiebeln und Knoblauch abziehen und klein schneiden. Die Chilischoten waschen, entkernen und grob zerkleinern.

Ingwer, Zwiebeln, Knoblauch und Chili zugeben und weiter anschwitzen. Mit Weißwein ablöschen und reduzieren lassen.

Kreuzkümmelsamen in einer trockenen Pfanne anrösten. Zimtstangen und Kreuzkümmel in einen Standmixer geben und fein mahlen. Die Mischung in einen Topf geben, dann Kurkuma und die eingeweichten Mungobohnen hinzufügen. Mit der Brühe auffüllen, zum Kochen bringen und circa 45 Minuten köcheln lassen, bis die Mungobohnen weich sind.

Die Kokosmilch hinzufügen und die Suppe weitere 10 Minuten köcheln lassen.

Eingelegte Zitronen (siehe Seite 36) im Standmixer fein pürieren. Zitronensaft und Zitrusabrieb hinzufügen. Die Mischung in die Mungobohnen-Curry-Suppe rühren und diese mit Salz abschmecken. Zum Schluss mit schwarzem Sesam und Tomatenkernen (aus einer frischen Tomate herausnehmen) garnieren.

BURNED-
AUBERGINEN-
SUPPE
→ S. 74

FAVABOHNEN-
TOPINAMBUR-
SUPPE
→ S. 75

Burned-Auberginen-Suppe

6-8 PORTIONEN
MITTEL

Für die Suppe

3	mittelgroße Auberginen
300 g	Kartoffeln
300 g	Lauch
300 g	weiße Zwiebeln
70 ml	Olivenöl oder Kokosnussöl
1	Stange Zitronengras
1 l	Kokosmilch
1,5 l	Gemüsebrühe
	Salz
1½ TL	weißer Pfeffer
10 ml	Zitronensaft

Zum Garnieren

1	kleines Stück gekochte Rote Bete

Hayas Tipp:

Wenn man keine offene Flamme hat, um die Auberginenschale abzubrennen, sollte man dieses Gericht im Sommer auf dem Grill bei offener Flamme zubereiten. Denn den besten Geschmack bekommt man nur durch offenes Feuer, nicht durch das Braten im Backofen.

Die Auberginen auf offener Flamme auf einem feinen Gitter circa 7 Minuten lang anbraten, dabei alle 2 Minuten wenden, bis die Schale schwarz und verbrannt ist. Dann ist das Innere weich. Am besten kann man das kontrollieren, wenn rund um den Strunk das Fleisch weich ist bzw. sich gut eindrücken lässt.

Kartoffeln schälen und in ½ Zentimeter große Würfel schneiden. Lauch waschen, putzen, halbieren und dünn schneiden. Zwiebeln abziehen und grob hacken.

In einem Topf das Olivenöl oder Kokosnussöl erhitzen. Zwiebeln und Lauch auf mittlerer Stufe darin anbraten, bis sie glasig sind. Dann die Kartoffeln hinzufügen. Zitronengras mit einem harten Gegenstand etwas anklopfen, dann ebenfalls hinzufügen. Kokosmilch, Gemüsebrühe und Salz zugeben. So lange kochen, bis die Kartoffeln weich sind.

Die Auberginen von der verbrannten Schale befreien und den Strunk entfernen. Wenn die Kartoffeln weich sind, Auberginen, weißen Pfeffer und Zitronensaft hinzufügen.

Rote Bete schälen und in kleine Würfel schneiden. Auf Küchenpapier abtropfen lassen.

Die Suppe im Standmixer oder mit einem Pürierstab fein pürieren. Auf Teller verteilen und mit den Rote-Bete-Würfeln garnieren.

Favabohnen-Topinambur-Suppe

8 PORTIONEN
MITTEL

Für die Suppe

250 g Zwiebeln
150 g Lauch (nur das Weiße)
100 g Stangensellerie
250 g Kartoffeln
600 g frische Favabohnen (keine getrockneten! Ersatzweise 500 g geschälte tiefgefrorene Favabohnen)
300 g Topinambur
50 ml Olivenöl
4 TL Salz
1 EL Kurkuma
2 l Gemüsebrühe
2 Stängel wilder Knoblauch (saisonal) oder 10 g Knoblauchzehen
35 g eingelegte Zitronen

Zum Garnieren

1 große Karotte
Rapsöl zum Frittieren
nach Wunsch frische Korianderblättchen

Hayas Tipp:

Man kann die Suppe auch einen Tag im Voraus kochen – dann aber erst am Tag, an dem sie serviert wird, fein pürieren.

Zwiebeln abziehen und hacken. Lauch und Stangensellerie waschen, putzen und klein schneiden. Kartoffeln schälen und klein schneiden. Favabohnen palen. Topinambur schälen und in kleine Würfel schneiden.

Das Öl in einem Topf erhitzen und darin Zwiebeln, Lauch und Sellerie anschwitzen, bis die Zwiebeln goldbraun sind. Salzen. Kartoffeln, Favabohnen, Topinambur und Kurkuma zugeben. Gemüsebrühe zugießen und circa 1 Stunde köcheln lassen, bis die Kartoffeln und der Topinambur ganz weich sind.

Die Karotte schälen und mit dem Sparschäler dünne Scheiben oder Streifen abschneiden. In einem kleinen Topf Rapsöl erhitzen und darin die dünnen Scheiben bei mittlere Hitze frittieren, bis sie etwas dunkler (aber nicht verbrannt!) sind. Herausnehmen und auf Küchenpapier abtropfen lassen.

Am Schluss den Knoblauch waschen und trocknen bzw. abziehen und klein schneiden. Eingelegte Zitronen ebenfalls klein schneiden und mit dem Knoblauch hinzufügen. Die Suppe im Standmixer oder mit dem Pürierstab fein pürieren.

Die Suppe vor dem Servieren mit Karottenchips und nach Wunsch Koriandergrün garnieren.

MEIN Gemüse-händler

AUF DEM MARKT BEI SERKAN UND YUSUF BULUT, GEMÜSEHÄNDLER

BANANEN SOLL MAN NICHT NEBEN ÄPFELN LAGERN, GELBE ODER ROTE PAPRIKA NICHT NEBEN EINER GURKE ODER EINER AUBERGINE. ES IST WIE BEI DEN MENSCHEN: BESTIMMTE OBST- UND GEMÜSE-SORTEN VERTRAGEN SICH MITEINANDER NICHT SO GUT."

erkan Buiut, Gemüsehändler

AUF DEM MARKT BEI SERKAN UND YUSUF BUIUT, GEMÜSEHÄNDLER

SIE SIND RICHTIGE NASCHMARKT-URGESTEINE, DENN SERKAN UND YUSUF BUIUT HABEN SCHON SEIT 20 JAHREN IHREN GEMÜSESTAND HIER. IHRE AVOCADOS SIND DIE SCHÖNSTEN WEIT UND BREIT – VON DEN BUIUTS HABE ICH AUCH GELERNT, DASS MAN SIE ZUM NACHREIFEN AM BESTEN IN ZEITUNGSPAPIER EINGEWICKELT BEI ZIMMERTEMPERATUR LAGERT ODER SIE NEBEN ÄPFEL LEGT. DER STAND LIEGT NICHT WEIT VON UNSEREM LOKAL ENTFERNT; WENN ETWAS AUSGEHT, KANN ICH SCHNELL RÜBERGEHEN UND GEMÜSE NACHKAUFEN – SO SEHEN WIR UNS MANCHMAL ZEHNMAL AM TAG!

SERKAN UND YUSUF SIND STOLZ, FÜR UNS ZU LIEFERN – UNSERE WURZELN SIND SEHR ÄHNLICH, SIE VERSTEHEN, WARUM ICH WELCHES PRODUKT KAUFE, WIR SPRECHEN OFT EINE GLEICHE SPRACHE. IHRE LIEBLINGSSPEISE SIND SPINAT-SCHAFSKÄSE-BÖREKS ODER KICHERERBSEN MIT HÜHNERFLEISCH – GERICHTE, DIE MAN JEDERZEIT AUCH AUF DER NENI-SPEISEKARTE FINDEN KÖNNTE!

AUF DEM MARKT BEI SERKAN UND YUSUF BULUT, GEMÜSEHÄNDLER

N

NADIV MOLCHO

ZU

Hauptspeisen

Nadiv,

WAS MUSS EINE HAUPTSPEISE KÖNNEN?

Schon als wir Kinder waren, ging es bei uns daheim zu wie in einem Restaurant: Elior wollte viele Dinge nicht, die Nuriel, Ilan und ich aber mochten; Samy isst am liebsten vegetarisch. Also hat Haya sehr oft für jeden von uns seine Lieblingsspeisen gekocht, mit viel Kreativität und Leidenschaft.

Elior mochte Steaks mit orientalischem Gemüse, Nuriel hat sich bewusst ernährt, ähnlich wie Samy mit Hülsenfrüchten und sehr viel Gemüse – und er liebt Saucen. Ilan steht auf Süßes. Ich mag wahnsinnig gern gefülltes Gemüse wie gefüllte Paprika, Krautrouladen oder Pasta, zum Beispiel mit Chorizo, oder „weiße Pasta" – Penne mit Panna, das war meine Lieblingsspeise als Kind.

Der amerikanische Filmregisseur John Cassavetes hat Mitte der 1970er-Jahre einen Film gedreht („A Woman Under the Influence"), bei dem es eine zehnminütige Spaghetti-Szene gibt. Gena Rowlands spielt darin die Hauptrolle, und man sieht, wie sie gefühlvoll das Essen für ihren Mann und seine Arbeitskollegen kocht; wie sie alles darum gibt, eine gute Gastgeberin zu sein. Daran muss ich oft denken, wenn ich Pasta esse. Auch in meinem nächsten Film nimmt ein großes Abendessen eine zentrale Rolle ein. Meine Hauptfigur ist stark von Haya inspiriert.

Ich finde, man sieht an den ausgedehnten, reichhaltigen Mahlzeiten, wie eine Familie tickt: Wird da geteilt, spricht man viel, ist es laut und lebendig oder eher ruhig und bedacht?

BEI UNS WAR ES IMMER GESPRÄCHIG, LAUT UND LEBENDIG.

Und die Art der Hauptspeisen war vor allem durch Phasen geprägt: Nach einer Indienreise gab es vier Monate nur indisch. Dann stand auf einmal glutenfrei auf dem Programm, und plötzlich hieß es: „The cornflakes days are over". Wir Jungs haben Hayas kulinarische Verrücktheiten immer gern mit getragen, was sicher auch daran lag, dass wir zu nichts gezwungen wurden.

Zu einer guten Hauptspeise gehört ein gutes Glas Wein – egal ob zu Mittag oder am Abend. Obwohl ich viel Zeit in Amerika verbringe, bin ich in diesem Punkt sehr europäisch. Mein Vater Samy ist ein echter Connaisseur, er hat uns beeinflusst. Vor jedem großen Familienessen gehen Nuriel und Ilan in unseren Weinkeller und suchen einen passenden Wein aus.

Und noch ein wichtiger Aspekt: Ein Hauptgang muss Vorfreude erzeugen. Wenn ich mit der Vorspeise fertig bin, dann weiß ich: In 20 Minuten kommt das richtige Essen! Ansonsten kennt eine Hauptspeise keine Uhrzeit – ob sie abends serviert wird oder mittags, bleibt jedem selbst überlassen.

Nadiv Molcho verarbeitet seine kulinarischen Erlebnisse in seinen Filmen – NENI ist für ihn ein endloser Quell der Inspiration.

Oktopus

(KLASSISCHE ZUBEREITUNG)

8 PORTIONEN
MITTEL

1,5 kg	frischer Oktopus (entweder ein ganzer oder mehrere kleine; küchenfertig)
1	mittelgroße weiße Zwiebel
1	grüne Chilischote
5	Petersilienstängel
	Salz
3	Lorbeerblätter
100 ml	Olivenöl

Hayas Tipp:

Wichtig bei diesem Rezept ist, dass man den Fischhändler fragt, ob er den Oktopus reinigen kann, also Zähne und Augen entfernen, sodass nur die essbaren Teile übrig bleiben. Wichtig ist, dass der obere runde Teil behalten, von den Innereien aber gereinigt wird.

Den Oktopus mit beiden Händen grob waschen, sodass die Saugknöpfe sauber werden. Dann in einen großen Topf mit der halbierten Zwiebel (samt Schale) geben. Die Chilischote halbieren und mit den Petersilienstängeln in den Topf geben.

Den Topf mit Wasser füllen, sodass der Oktopus gut bedeckt ist. Für jeden Liter Wasser, der hinzugefügt wird, circa 1 Esslöffel Salz hinzufügen. Lorbeerblätter und Olivenöl zugeben.

Das Wasser zum Kochen bringen, dann auf mittlere Hitze reduzieren. Den Oktopus circa 55 Minuten köcheln lassen. (Wenn es kleine Oktopusse sind, dann circa 45 Minuten.) Anschließend den Topf vom Herd nehmen und den Oktopus im Wasser circa 1 Stunde abkühlen lassen.

Oktopus aus dem Wasser nehmen und die grobe, überschüssige Haut, die sich beim Kochen gelöst hat, vorsichtig abziehen. Den Oktopus in ein großes Gefäß geben und je nach Belieben würzen (siehe Foto). Man kann zum Beispiel mit frischem Thymian, Chili, Frühlingszwiebel, Limetten, schwarzen Pfefferkörnern würzen. Dieser Schritt lässt Raum für beliebigen Geschmack und Kreativität.

Den Oktopus mit Olivenöl bedecken und kühlen. Nach circa 1 Stunde kann man ihn herausnehmen, er kann aber auch bis zu 4 Tage im Kühlschrank bleiben (er wird dadurch noch mehr Geschmack annehmen).

Oktopus-Ceviche

4 PORTIONEN
MITTEL

100 g	rote Zwiebeln
20 g	Frühlingszwiebeln
40 g	Bio-Limetten
20 g	frische grüne Chilischoten
80 g	kleine Salatgurke
320 g	gemischte Trauben (weiß und rot)
40 g	Petersilie
2	Bund Koriandergrün
½	Bund Basilikum
1	Bund Minze
20 ml	Limettensaft
½–1 TL	Salz
80 ml	Traubensaft, frisch gepresst
160 ml	Olivenöl
600 g	Oktopus
280 g	Ziegenjoghurt
	Limettenspalten zum Servieren

Rote Zwiebeln abziehen und in Ringe schneiden. Frühlingszwiebeln waschen, putzen und in feine Ringe schneiden. Limetten heiß waschen, trocknen und samt Schale hacken. Chilischoten waschen, entkernen und fein hacken. Gurke waschen und in feine Scheiben schneiden. Trauben waschen und trocknen, nach Wunsch halbieren oder in Scheiben schneiden.

Petersilie, Koriander, Basilikum und Minze waschen, trockenschütteln und die Blätter von den Stängeln zupfen. Jeweils die Hälfte der Petersilien- und Korianderblätter hacken, die andere Hälfte der Blätter ganz lassen. Jeweils die Hälfte der Basilikum- und Minzeblätter hacken, die andere Hälfte der Blätter grob zerrupfen.

Limettensaft, Salz, Traubensaft und Olivenöl verrühren. Oktopus in feine Scheiben oder Streifen schneiden.

Alle Zutaten für das Ceviche in eine Schüssel geben, mit dem Dressing gut vermischen und auf einem Joghurtbett mit Limettenspalten servieren.

Koreanisches Crispy Chicken

Für das Crispy Chicken

1,6 kg	ausgelöste Hühnerkeulen
1	Prise Salz
1	große Prise geschroteter schwarzer Pfeffer
135 g	Reismehl
125 g	Speisestärke
1	Prise marokkanisches Paprikapulver
135 ml	Wasser
2	Eier
	Rapsöl zum Frittieren

Für die Sauce

	Rapsöl zum Braten
10 g	frischer Ingwer
ca. 2	Bird-Eye-Chilischoten (ohne Kerne)
4-5	Knoblauchzehen
30 g	brauner Zucker
120 ml	Reisessig
20 g	Dijonsenf
80 ml	Sojasauce
120 ml	Reissirup
30 ml	Sriracha-Sauce
	Saft von 1 Limette

Für die Garnitur

1	Bund Koriandergrün, gehackt
	geröstete Erdnüsse und gerösteter Sesam zum Garnieren
	Limettensaft zum Beträufeln

8 PORTIONEN

MITTEL

Das Hühnerfleisch schneiden und mit Salz und Pfeffer würzen. Reismehl, Speisestärke, Paprikapulver und das Wasser mit den Eiern vermengen und das Huhn darin panieren (wenden).

Für die Sauce Rapsöl in einer Pfanne erhitzen. Ingwer und Chilischote klein schneiden und darin anrösten. Knoblauch abziehen, fein hacken und zugeben. Den braunen Zucker hinzufügen und anschließend mit Reisessig ablöschen. Senf, Sojasauce, Reissirup, Sriracha-Sauce und Limettensaft hinzufügen und 10 Minuten köcheln lassen, bis die Sauce eindickt. Immer wieder abschmecken und nach Bedarf verfeinern.

In einem hohen Topf Rapsöl auf 190 °C erwärmen und die panierten Hühnerstücke darin 10 Minuten frittieren, bis sie goldbraun sind. Dann herausnehmen, 5 Minuten warten und weitere 10 Minuten frittieren. Anschließend die Hühnerstücke in der Sauce wenden und mit Koriander, gerösteten Erdnüssen, geröstetem Sesam und frischem Limettensaft beträufeln.

Hayas Tipp:

Wenn man Gäste hat, kann man das Gericht auch schon vorab zubereiten. Das Gericht kann auch mit Shrimps serviert werden; dazu empfehle ich, der Sauce 150 Milliliter Orangensaft zuzufügen und mit den anderen Zutaten zu reduzieren.

Ossobuco

(ASIATISCH)

10 PORTIONEN
MITTEL

	Öl zum Braten
4 kg	Ossobuco
1 kg	Zwiebeln
3	rote Chilischoten
50 g	frischer Ingwer, fein gerieben
4	Knoblauchzehen
75 g	Misopaste
150 ml	Sojasauce
100 ml	Reisessig
4 EL	Honig
15	Kirschtomaten
	Meersalz
	schwarzer Pfeffer, frisch gemahlen

Hayas Tipp:
Man kann das Ossobuco auch in kleinere Stücke oder Scheiben schneiden, wenn man kein passendes Gefäß hat.

Öl in einem großen Bräter erhitzen und das Fleisch darin von beiden Seiten scharf anbraten. Dann auf ein Backblech legen.

Zwiebeln abziehen und klein schneiden. Chilischoten waschen, längs halbieren, entkernen und klein schneiden. Den Backofen auf 150 °C (Umluft 130 °C, Gas Stufe 1) vorheizen.

Die Zwiebeln anbraten, bis sie karamellisieren. Dann Chili und Ingwer zugeben. Am Schluss Knoblauch abziehen, hinzugeben und kurz mit anbraten.
Den Topf vom Herd nehmen und Misopaste, Sojasauce, Reisessig, Honig, Kirschtomaten und 1 Liter Wasser hinzufügen. Eventuell mit Salz und Pfeffer nachwürzen.

Das Ossobuco mit der Sauce übergießen. Dann zugedeckt im vorgeheizten Backofen bei 150 °C 7 Stunden schmoren. Währenddessen das Fleisch immer wieder mit der Sauce übergießen.

Tscholent

(SCHABBATESSEN)

8 PORTIONEN
MITTEL

- 200 g Rollgerste
- 250 g weiße Zwiebeln
- 50 ml Olivenöl
- 200 g getrocknete weiße Bohnen
- 100 g Grünkern
- 600 g Kartoffeln
- 1 große Karotte
- 7 Bio-Eier (Größe M)
- 1,2 kg Kalbshals (oder Ochsenschwanz)
- 3 Hühnerkeulen (mit Haut)
- Salz
- Pfeffer
- Olivenöl zum Braten
- 150 g Dattelsirup (oder Honig, Ahornsirup)
- 2 kleine rote Chilischoten
- 3 Lorbeerblätter
- 10 ganze schwarze Pfefferkörner

Hayas Tipp:
Wenn ich als Kind aufgestanden bin, hat das Haus so gut nach Tscholent gerochen, es ist das Parfüm meiner Kindheit. Heute liebe ich es, den Tscholent in der Früh aufzusetzen und den ganzen Tag mit meiner Familie zu verbringen, bis das Essen fertig ist.

Rollgerste über Nacht in Wasser einweichen, am nächsten Tag das Wasser abseihen. Die Zwiebeln abziehen, in Scheiben schneiden und im Olivenöl in einer Pfanne bei niedriger Temperatur glasig dünsten.

Rollgerste, Bohnen und Grünkern in separate Bratfolien/-schläuche wickeln und mit einem Zahnstocher Löcher in die Folie stechen. Kartoffeln und Karotte waschen, schälen und vierteln.

Die Eier mit der Schale vorsichtig waschen. Das Kalbfleisch und die Hühnerkeulen mit Salz und Pfeffer würzen und auf beiden Seiten circa 3 Minuten in einer Pfanne mit etwas Olivenöl anbraten, bis es rundum gebräunt ist.

1 Liter Wasser mit Dattelsirup und 80 Gramm Salz verrühren.

Sobald alles vorbereitet ist, legt man alle Zutaten (Fleisch, Eier, die Zutaten im Bratschlauch, also Rollgerste, Bohnen und Grünkern sowie das Gemüse) in einen großen Topf und füllt die Dattelsirup-Wasser-Mischung darüber. Danach noch mit etwas mehr Wasser auffüllen, bis alles bedeckt ist. Zum Schluss die angerösteten Zwiebeln und die klein geschnittenen, entkernten Chilis und alle Gewürze hinzufügen.

Den Tscholent einmal aufkochen lassen, danach mit Alufolie den Topfdeckel komplett abdecken. Anschließend bei 100 °C 12 Stunden im Backofen langsam garen.

Persischer Reis mit Safranhuhn

4 PORTIONEN
MITTEL

Für das Safranhuhn

300 g	Zwiebeln
250 ml	Rapsöl
1 g	Safran
50 g	Zucker
20 g	Bio-Orangenschale
1,8 kg	ausgelöste Hühnerkeule
250 g	Tomatenmark
4 TL	Salz
1 TL	gemahlene Kurkuma

Für den Reis

500 g	Jasminreis
20 g	Butter
1 TL	Meersalz

Für die Berberitzen-Pistazien

200 g	Berberitzen
100 g	Zwiebeln
60 ml	Rapsöl
80 g	Zucker
10 g	Bio-Orangenschale
60 g	Pistazienkerne, halbiert
0,3 g	Safran
1	Prise gemahlene Kurkuma

Zwiebeln abziehen, grob schneiden und in einem großen Topf bei mittlerer Hitze in Öl leicht anrösten. Safran und Zucker im Mörser feinpulverig zerstoßen. Orangenschale in feine Juliennestreifen schneiden.

Wenn die Zwiebeln eine glasige und leicht goldene Farbe haben, das Hühnerfleisch und das Tomatenmark hinzufügen und anbraten. 1,3 Liter Wasser hinzufügen und die Safran-Zucker-Mischung, Salz, Kurkuma und Orangenschale hinzufügen und 35-40 Minuten bei mittlerer Hitze köcheln lassen. Immer wieder umrühren.

Den Reis unter fließendem Wasser abspülen und in einen Topf geben. 1 Liter Wasser, Butter und Salz zugeben, zum Kochen bringen und auf kleiner Flamme 15 Minuten köcheln lassen. Dann vom Herd nehmen, den Deckel abnehmen, ein Küchentuch darauflegen und 15 Minuten ziehen lassen. Berberitzen in ein Sieb geben und waschen. Zwiebeln abziehen, klein schneiden und im heißen Öl glasig anbraten.

Berberitzen, Zucker und Orangenschale zu den Zwiebeln hinzufügen und karamellisieren – vorsichtig, da es schnell anbrennt! Pistazien, Safran und Kurkuma zugeben, 100 Milliliter Wasser hinzufügen und ständig rühren, bis die Flüssigkeit reduziert ist. Dann vom Herd nehmen, zudecken und ruhen lassen, bis man das Huhn servieren kann. Das Huhn abschmecken, nach Bedarf salzen und mit dem Reis und der Berberitzen-Pistazien-Mischung garnieren.

Tunesisches Sandwich

4 PORTIONEN
AUFWENDIG

Für die Brötchen

- 1 kg Mehl
- 1 EL Zucker
- 700 ml Wasser
- 60 g Trockenhefe
- 30 ml Öl
- 1 EL Meersalz
- Mehl für die Arbeitsfläche
- Öl zum Frittieren

Für die Aioli

- 3 Knoblauchzehen
- 3 mittelgroße Eier
- 1 TL Meersalz
- 350 ml Olivenöl

Für den Thunfisch

- 150 g Thunfisch, eingelegt in Olivenöl

Zum Garnieren

- 4 gekochte Kartoffeln
- 4 hart gekochte Eier, in Scheiben
- 60 g eingelegte Salzgurken
- 60 g Frühlingszwiebeln
- 60 g rote Zwiebeln
- 60 g Salatgurken
- 50 g Harissa (siehe Seite 22)
- 40 g eingelegte Zitronen (siehe Seite 36)

Hayas Tipp:

Solange die Brötchen noch warm sind, schmecken sie besonders gut mit Honig oder Puderzucker und Zimt. Zur Aioli kann man zum Verfeinern nach Belieben auch Sauerrahm hinzufügen.

Für die Brötchen das Mehl in eine Rührschüssel geben. Zucker, Wasser, Trockenhefe und Öl hinzufügen und mit dem Handrührgerät oder in der Küchenmaschine auf niedriger Stufe 8 Minuten kneten. Das Salz zugeben und weitere 4 Minuten kneten. Den Teig zugedeckt 1 Stunde gehen lassen, dann noch einmal durchkneten und 1 weitere Stunde gehen lassen.

Von dem Teig Kugeln abstechen (30–40 Gramm) und auf einer bemehlten Arbeitsfläche zu Brötchen formen. Mit einem Küchentuch zudecken und 40 Minuten gehen lassen. Reichlich Öl in einer tiefen Pfanne erhitzen und die Brötchen darin 2–3 Minuten schwimmend frittieren, bis sie goldbraun sind.

Für die Aioli Knoblauch abziehen, mit den Eiern und Meersalz in einem Standmixer gut vermengen, dann nach und nach Olivenöl hinzufügen.

Für die Garnitur gekochte Kartoffeln in Scheiben schneiden. Die restlichen Garniturzutaten außer Harissa und Zitronen in feine Scheiben schneiden.

Die Harissa mit den eingelegten Zitronen in einem Standmixer auf hoher Stufe vermengen.

Die frittierten Brötchen halbieren, auf einer Seite mit der Harissa-Zitronen-Mischung und auf der anderen Seite mit Aioli bestreichen. Eingelegte Thunfischstückchen, hart gekochte Eier, Salzgurken, Frühlingszwiebeln, rote Zwiebeln, Gurken- und Kartoffelscheiben darauflegen.

Man kann die Schichten des Sandwiches nach Belieben zusätzlich salzen.

Persische Krautrouladen

4-6 PORTIONEN
AUFWENDIG

Für Erbsen, Reis und Kraut

200 g	halbierte gelbe Schälerbsen (erhältlich im indischen Supermarkt)
	Saft von ½ Zitrone
	Blätter von 2 kleinen Kohlköpfen
	Salz
20 ml	Olivenöl
400 g	Basmatireis

Für den Sud

0,5 g	Safran
1	Messerspitze Zucker
1	Messerspitze Salz
15 g	Butter

Für das Fleisch

50 g	Berberitzen (erhältlich auf dem Markt)
250 g	Zwiebeln
40 ml	Olivenöl
½ TL	Salz
	Pfeffer
500 g	mageres Rinderhackfleisch
	gemahlene Kurkuma
½ TL	Salz nach Belieben
2 g	Ras el-Hanout

Für die Füllung

15 g	Petersilie, gehackt
30 g	Koriandergrün, gehackt
	Saft von 1 Limette

Die Schälerbsen waschen, dabei 1 Liter Wasser in einem kleinen Topf zum Kochen bringen. Wenn das Wasser kocht, die Schälerbsen hinzufügen und 30 Minuten auf mittlerer Stufe köcheln lassen.

2 Liter Wasser und Zitronensaft in einem großen, hohen Topf zum Kochen bringen. Darin die Kohlblätter blanchieren, anschließend mit kaltem Wasser abschrecken.

2 Liter Wasser, 1 Teelöffel Salz und Olivenöl in einem weiteren Topf für den Reis zum Kochen bringen. Den Reis mit kaltem Wasser abwaschen. Wenn das Wasser kocht, den Reis hinzufügen und auf mittlerer Hitze köcheln lassen, bis der Reis eine bissfeste Konsistenz hat (6-9 Minuten, kommt auf den Herd an).

Für den Sud Safran, Zucker und Salz in einem Mörser zerreiben, in eine Schüssel geben, die Butter und 500 Milliliter abgekochtes Wasser hinzufügen. Die Butter darin schmelzen und alles gut verrühren.

Für das Fleisch Berberitzen waschen und trocknen. Die Zwiebeln abziehen, hacken und mit Olivenöl, Salz und Pfeffer in einer Pfanne erhitzen, bis die Zwiebelstücke glasig werden. Dann das Fleisch, Kurkuma, nach Wunsch Salz und Ras el-Hanout hinzufügen. Alles braten, bis Zwiebeln und Fleisch goldbraun sind. Circa 2 Minuten, bevor das Fleisch fertig gebraten ist, die Berberitzen zufügen.

Alle Zutaten (Schälerbsen, Hackfleischmischung, Reis, Sud) in eine große Schüssel geben, nach Belieben nachsalzen. Petersilie, Koriander und Limettensaft hinzufügen und alles vorsichtig vermischen.

Jeweils 1 Kohlblatt auf der Arbeitsfläche platzieren und je nach Größe des Blattes etwa 2 Esslöffel der Mischung daraufgeben, sodass man sie noch gut rollen kann und nichts herausfällt. Beim Aufrollen am Schluss die Seiten der Blätter einklappen, sodass die Rouladen halten. Mit den restlichen Kohlblättern ebenso verfahren.

→ S. 102

→ Fortsetzung von S.101

Für die Essigsauce

- 500 ml Apfelessig
- 150 g Zucker
- 400 g getrocknete Pflaumen (am besten aus dem persischen Markt)

Für den Dip

- 250 g Joghurt
- 1 Prise Salz
- 1 Messerspitze frisch gemahlener Pfeffer
- 2 g getrocknete Minze
- 1 Bio-Zitrone

Außerdem

- Olivenöl für die Form

Für die Essigsauce in einer Saucenpfanne den Apfelessig bei mittlerer Hitze zum Köcheln bringen, Zucker hinzufügen und gut verrühren. Dann die Pflaumen hinzufügen und circa 5 Minuten weiter köcheln lassen, bis die Sauce dickflüssiger ist.

Eine Kasserolle dünn mit Olivenöl einstreichen. Alle Rouladen mit der Naht nach unten nebeneinander hineinsetzen.

Die Krautrouladen bei 180 °C im heißen Ofen backen, nach 25 Minuten herausnehmen und mit Olivenöl und der Essigsauce (ohne Pflaumenstücke) bestreichen. Dann weitere 10 Minuten bei 225 °C im Ofen backen. (Wichtig ist, dass man ein Auge auf die Rouladen hat; sie sollen goldbraun sein, aber nicht verbrennen.)

Für den Dip den Joghurt, Salz, Pfeffer und getrocknete Minze verrühren. Zitrone heiß waschen, Schale abreiben und Saft auspressen. Beides in den Dip rühren. Die Rouladen mit der Joghurtsauce servieren und je nach Belieben noch etwas Essigsauce und die getrockneten Pflaumen dazu servieren.

4-6 PORTIONEN
MITTEL

- 1 kg rote Trauben mit Kernen (an der Rispe)
- 1 TL schwarzer Pfeffer
- 1 kg Lammschlegel
- 1 EL Olivenöl
- Meersalz
- Zucker nach Belieben

Die Trauben samt Rispe waschen, in eine große Kasserolle geben und mit den Fingern zerdrücken. Pfeffer hinzufügen. Die Rispen der Trauben in der Form lassen, das Lamm hineingeben, mit den Trauben und dem Olivenöl bedecken. 12 Stunden gekühlt ruhen lassen.

Wenn man einen Grill zur Verfügung hat, ist zu empfehlen, das Lamm auf dem Grill zuzubereiten, um das Raucharoma zu betonen. Ansonsten kann man es im Ofen bei 250 °C grillen, nach 10 Minuten herausnehmen und etwas ruhen lassen. Anschließend noch einmal bei 250 °C 10 Minuten im Ofen garen. Wenn man ein Fleischthermometer zu Hause hat, sollte das Thermometer 65 °C anzeigen.

Das Fleisch zum Servieren in Scheiben schneiden und mit Meersalz würzen. Die Weintrauben nach Belieben in einer Pfanne in etwas Zucker karamellisieren und zum Fleisch reichen.

Hayas Tipp:

Man kann auch mit frischem Koriander garnieren.

Lammschlegel in Weintrauben

Karamellisierte Auberginen

8 PORTIONEN
LEICHT

750 g	Auberginen
200 g	rote Zwiebeln
50 ml	Rapsöl zum Anbraten
1	daumendickes Stück frische Ingwerwurzel
1	Knoblauchzehe
1 EL	Tomatenmark
50 g	brauner Zucker
½ EL	helle Misopaste
50 ml	Sojasauce
35 ml	Wasser
35 ml	Reisessig
1 EL	Harissa (siehe Seite 22)
20 g	gerösteter Sesam zum Garnieren

Auberginen waschen, trocknen und in Würfel schneiden.

Die Zwiebeln abziehen, fein hacken und in einem großen Topf im Rapsöl anrösten, bis sie eine schöne Farbe haben. Ingwer und Knoblauch schälen bzw. abziehen, fein reiben und dazugeben. Etwas anrösten und nach circa 2 Minuten das Tomatenmark hinzufügen, umrühren. Anschließend die Auberginenwürfel dazugeben und rösten, bis sie ein bräunliche Farbe haben und weich sind. Bei Bedarf noch etwas mehr Öl hinzufügen, da die Auberginen viel Öl aufsaugen.

Zucker hinzufügen und alles karamellisieren lassen, anschließend die Misopaste hinzufügen und gut verteilen. Zuerst mit Sojasauce und Wasser ablöschen, danach den Reisessig zugeben. Harissa hinzufügen. Wenn es zu wenig Flüssigkeit ist, zusätzlich 100 Milliliter Wasser hinzufügen, 5 Minuten reduzieren lassen, abschmecken und eventuell nachwürzen.

Den Topf vom Herd nehmen und die karamellisierten Auberginen zum Servieren mit Sesam bestreuen.

Hayas Tipp:
Man kann über die Auberginen auch frischen Koriander streuen.

Für die BBQ-Sauce

25 ml	Worcestersauce
300 g	Ketchup
15 g	Sriracha-Sauce
35 ml	Brandy oder Cognac
20 g	Honig
40 ml	Apfelessig
10 g	Zwiebelpulver
40 g	brauner Zucker
½ TL	schwarzer Pfeffer
10 ml	Limettensaft
100 ml	Wasser

Für das Fleisch

50 ml	Rapsöl
2 kg	Flanksteak oder Rinderbrust
100 g	Ahornsirup
½ TL	ganze schwarze Pfefferkörner
1	Lorbeerblatt
200 g	Butter
	Salz

Für die Mangomayonnaise

1	Ei
1	Prise Salz
50 g	Amba (Mango Pickle; erhältlich im indischen Supermarkt)
30 g	Mangopüree (aus 60 g frischer, reifer Mango)
600 ml	Rapsöl

Außerdem

200 g	Salatherzen
4	grüne Peperoncini-Chilischoten
50 ml	Reisessig
1 EL	Zucker
6-8	Brötchen bzw. halbierte Brotscheiben nach Wahl (z.B. Baguette, Burgerbrot oder Graubrot)
200 g	Cheddar-Käse
1	Stängel Koriandergrün, gezupft
20 g	Frühlingszwiebeln, gehackt

Für die BBQ-Sauce alle Zutaten in einem Standmixer pürieren.

In einem großen Topf das Öl erhitzen und das Fleisch darin beidseitig anbraten, bis es eine goldbraune Farbe animmt. Ahornsirup, Pfefferkörner und Lorbeerblatt hinzufügen, weitere 1-2 Minuten anbraten. Dann das Fleisch mit Wasser bedecken und auf mittlerer Hitze leicht köcheln lassen. Dabei einen kleineren Topf in den Topf hineingeben, sodass das Fleisch nach unten gedrückt wird. Nach 3-4 Stunden mit einer Gabel versuchen, das Fleisch der Maserung entlang zu zerteilen: Wenn es sich leicht auseinanderziehen lässt, ist es fertig. Dann das Fleisch herausnehmen und den restlichen Sud im Topf reduzieren (auf ca. ½-1 Liter Saft).

Alle Zutaten für die Mangomayonnaise (außer dem Rapsöl) in eine Schüssel geben. Mit dem Stabmixer oder Pürierstab circa 1 Minute mixen, dann langsam das Öl einlaufen lassen. Die Mayonnaise kühl stellen.

Das Fleisch gegen die Sehnenrichtung in 2 Zentimeter dicke Scheiben schneiden und mit den Händen zerpflücken. Die Butter in circa 1 Zentimeter große Würfel schneiden. In einer Pfanne 1 Würfel Butter schmelzen lassen und 1 Handvoll vom Pulled Beef anrösten, mit 1 Prise Salz verfeinern. Rühren, bis das Fleisch bräunlich und gut angeröstet ist, dann einen Suppenschöpfer der reduzierten Sauce sowie 1 Esslöffel der BBQ-Sauce hinzugeben. Weiter erhitzen, bis eine dickflüssige Sauce entstanden ist, dann die Pfanne vom Herd nehmen. Mit dem restlichen Fleisch ebenso verfahren.

Die Salatherzen waschen, trockenschütteln und in einzelne Blätter teilen. Die Chilis waschen, in feine Ringe schneiden, mit Essig und Zucker in einem verschließbaren Gefäß 1 Stunde bis 1 Tag (je nach Zeit) ziehen lassen.

Die Brötchen quer halbieren und die Brötchen- bzw. Brotscheibenhälften nach Belieben toasten. Eine Brötchen- bzw. Brotscheibenhälfte mit Mangomayonnaise bestreichen und Salatblätter auflegen. Auf der anderen Brötchen- bzw. Brotscheibenhälfte das heiße Fleisch verteilen und darauf etwas Cheddar verteilen (er wird schmelzen). Zuletzt Chilis, Korianderblättchen und gehackte Frühlingszwiebeln daraufgeben.

Pulled-Beef-Sandwich

6-8 PORTIONEN
AUFWENDIG

Kebab

10 PORTIONEN
MITTEL

Für die Kebab

400 g	Zwiebeln
40 g	Knoblauch
100 g	Petersilie
25 g	Peperoni
30 g	rote Chilischoten
4 TL	Salz
1 EL	schwarzer Pfeffer
1 TL	Cajun-Gewürzmischung
1 TL	Ras el-Hanout
1 kg	Lammfleisch (evtl. schon gehackt)
1 kg	Rindfleisch (evtl. schon gehackt)
250 g	Lammfett
50 ml	Olivenöl für die Hände

Für das Ofengemüse

5	weiße Zwiebeln
5	Tomaten
5	Peperoncini
1 TL	Salz
40 ml	Olivenöl

Zum Garnieren

	helle oder grüne Tahina (siehe Seite 22)
50 g	Petersilie, gehackt

Zwiebeln und Knoblauch abziehen. Petersilie, Peperoni, Chili, Knoblauch und Zwiebeln grob hacken. Wenn man einen Fleischwolf (mit einem groblöchrigen Aufsatz) verwendet, kann man alle Zutaten für die Kebab durch den Fleischwolf drehen und anschließend mit den Händen gut durchkneten.

Hat man keinen Fleischwolf (-aufsatz) zu Hause, das Gemüse und die Gewürze in einem Standmixer pürieren. Bei dieser Variante muss das Fleisch bereits gehackt sein. Das Gehackte mit der pürierten Gemüse-Gewürz-Mischung vermengen und mit den Händen gut durchkneten. Lammfett untermengen.

Aus der Fleischmischung kleine Bällchen (à ca. 40 g) formen. Dazu die Hände mit etwas Olivenöl einreiben. Man kann die Bällchen auch nach Belieben mit der Hand flach drücken, sodass man kleine Burgerlaibchen hat, oder sie länglich formen (siehe Foto).

Für das Ofengemüse die Zwiebeln abziehen und vierteln, die Tomaten halbieren und in die Peperoncini zwei kleine Löcher mit dem Messer stechen. Auf einem Blech das Gemüse verteilen, mit Salz und Olivenöl vermischen und bei 190 °C garen, bis das Gemüse eine dunkle, sogar leicht angebrannte Farbe erreicht hat.

Kebab entweder auf dem Grill grillen oder in einer Pfanne mit etwas Olivenöl braten.

Kebab mit heller oder grüner Tahina und gehackter Petersilie servieren. Das Ofengemüse dazu reichen.

Jakobsmuscheln mit Blumenkohlcreme und Curryöl

4 Portionen
Aufwendig

Für die Blumenkohlcreme

600 g Blumenkohl
250 g Knollensellerie
100 g Petersilienwurzel
Salz
Muskatnuss, frisch gerieben
400 g Sahne
100 ml Milch

Für das Curryöl

500 ml Olivenöl
20 g Currypulver (Madras)
2 Stangen Zitronengras
5 Limettenblätter
Abrieb und Saft von 2 Bio-Limetten
Salz

Für die Jakobsmuscheln

350 g Jakobsmuschelfleisch
50 g Butter
Salz

Zum Garnieren

gerösteter Blumenkohl
frische Spinatblätter

Für die Blumenkohlcreme das Gemüse waschen, putzen und klein schneiden, mit Salz und Muskat würzen und mit der Sahne und Milch auf ein Backblech geben. Das Blech mit Alufolie abdecken und bei 240 °C für circa 50 Minuten in den Ofen geben. Anschließend das Püree durchmixen – es muss nicht ganz glatt sein.

Für das Curryöl das Olivenöl leicht erwärmen (ca. 60 °C) und in eine Schüssel geben. Das Currypulver in einer Pfanne bei mittlerer Hitze leicht anschwitzen und anschließend in das Olivenöl geben. Die äußeren trockenen Blätter vom Zitronengras entfernen. Zitronengras und die Limettenblätter fein schneiden und mit dem Limettenabrieb in das warme Öl geben. Alles mindestens 1 Stunde an einem warmen Ort ziehen lassen. Anschließend passieren, leicht salzen und den Limettensaft dazugeben.

Das Jakobsmuschelfleisch waschen und trockentupfen. Die Butter in einer Pfanne erhitzen und das Muschelfleisch darin von beiden Seiten kurz braten. Etwas salzen. Zum Servieren die Blumenkohlcreme auf Teller verteilen, das Jakobsmuschelfleisch darauf anrichten und mit dem Curryöl beträufeln. Nach Wunsch mit geröstetem Blumenkohl und frischem Spinat servieren.

Makhni mit Paneer

4 PORTIONEN
MITTEL

1 kg	Paneer
1 l	Sonnenblumenöl
6	Knoblauchzehen
200 g	rote Zwiebeln
2	rote Chilischoten
40 g	Butter oder Ghee
30 g	frischer Ingwer, fein gerieben
½ TL	gemahlene Kurkuma
1	Prise Garam Masala
1	Prise gemahlener Kreuzkümmel
2	Messerspitzen Chilipulver
1	Prise gemahlener Koriander
½ TL	Bockshornkleeblätter, geschrotet
1 l	passierte Tomaten
200 g	Cashewpaste (siehe Zubereitung im Tipp)
3 TL	Meersalz
3 TL	Ketchup (oder Chipotle)
60 g	Koriandergrün, gehackt

Paneer in Würfel schneiden. Sonnenblumenöl erhitzen und die Paneerwürfel darin von allen Seiten frittieren. Dann mit einem Schaumlöffel herausnehmen und auf Küchenpapier abtropfen lassen. Paneerwürfel nach dem Abkühlen in heißes Wasser legen, damit sie ein wenig weicher werden. Dann herausnehmen und abtropfen lassen.

Knoblauch und Zwiebeln abziehen. Knoblauch, Zwiebeln und Chilischoten klein schneiden. Butter oder Ghee in einer Pfanne erhitzen. Ingwer, Knoblauch, Chili und Zwiebeln zugeben und anbraten.

Kurkuma, Garam Masala, Kreuzkümmel, Chilipulver, Koriander und Bockshornklee hinzufügen. Passierte Tomaten dazugeben und gut verrühren. Das Makhni zugedeckt 2–3 Minuten kochen lassen.

Cashewpaste und die Paneerwürfel hinzufügen. Vorsichtig unterheben. Salz und Ketchup einrühren. Koriandergrün zugeben und untermischen. Weitere 5 Minuten zugedeckt kochen lassen.

Hayas Tipp:

Khorma ist in Indien ein Bindemittel und wird anstelle von Mehl verwendet. Es ist viel gesünder als jedes andere Bindemittel. Für 2 Portionen werden 100 Gramm ungesalzene Cashewkerne mindestens 1 Stunde in 250 Milliliter Wasser eingelegt und anschließend mit der Hälfte des Wassers püriert.

MEIN Metzger

AUF DEM MARKT BEI HASAN YAVUZKURT, FLEISCHHÄNDLER

ANCHMAL GLAUBE ICH JA WIRKLICH, ASS MAN EINANDER FINDET. HASAN AVUZKURT IST MEIN FLEISCHLIEFE- ANT UND HAT WIE ICH EINE VAGA- UNDENSEELE. ÜBER ANATOLIEN KAM R NACH ISTANBUL, IN WIEN AM NASCH- ARKTSTAND ARBEITET ER SEIT VIELEN AHREN. ER IST EXPERTE FÜR LAMM- ND RINDFLEISCH UND RESERVIERT MIR MMER EIN PAAR SCHÖNE STÜCKE MIT TWAS FETT UND FEINER MARMORIE- UNG, DIE ICH ZUM BEISPIEL FÜR KEBAB ERWENDE. DIE HOHE QUALITÄT SEINER VARE ERKENNE ICH DARAN, DASS – PEZIELL BEIM RINDFLEISCH – DIE FARBE ICHT ZU ROSIG, SONDERN TIEFROT IST. RÜCKT MAN MIT DEM FINGER REIN, LEIBT DER ABDRUCK. DAS BEDEUTET, ASS DAS FLEISCH GUT ABGEHANGEN ST. NOCH EIN TIPP VON IHM: HÜHNER- LEISCH MIT HAUT IST GESCHÜTZTER ND HÄLT DAHER LÄNGER ALS „NACKTES".

BEVOR ICH DAS FLEISCH KOCHE, OLLTE ES ZIMMERTEMPERATUR ABEN, DAMIT DER UNTERSCHIED EISSE PFANNE UND KALTES FLEISCH ICHT ZU GROSS IST. SO SCHLIESSEN ICH AUCH DIE POREN BESSER."

asan Yavuzkurt, Fleischhändler

AUF DEM MARKT BEI HASAN YAVUZKURT, FLEISCHHÄNDLER

Ofen-Süßkartoffeln mit Spinatsalat

6 PORTIONEN
MITTEL

Für die Kartoffeln

6	Süßkartoffeln

Für den Spinatsalat

300 g	frischer Blattspinat

Für das Salatdressing

500 ml	Orangensaft
500 ml	Apfelsaft
100 ml	Olivenöl
100 ml	Zitronensaft
20 g	Knoblauch
30 g	frischer Ingwer, fein gerieben
15 ml	helle Sojasauce (oder besser Ponzo)
10 ml	Sesamöl
	Salz

Für den Sauerrahmdip

500 g	Sauerrahm
20 ml	Olivenöl
50 ml	Zitronensaft
20 g	Knoblauchzehen, durchgepresst
	Salz

Die Süßkartoffeln in der Schale bei 220 °C in den Ofen geben, bis sie weich sind.

Für den Salat Spinat waschen und trockenschütteln. Alle Zutaten für das Dressing mischen und mit den Spinatblättern vermengen.

Für den Dip alle Zutaten in eine Schüssel füllen und mischen.

Süßkartoffeln aus dem Ofen nehmen, schälen und mit zwei Gabeln zerreißen. 2 Esslöffel Sauerrahmdip und marinierten Spinat daraufgeben.

Auberginen aus dem Ofen mit Tomatensalsa

4 PORTIONEN
LEICHT

200 g	Tomaten
300 g	Auberginen (2 Stück)
1	grüne Chilischote (Peperoncini), gehackt
50 g	Tahina
	grobes Meersalz
	Olivenöl
	Saft von ½ Zitrone

Die Tomaten waschen und mitsamt ihrer Schale in einem Standmixer pürieren.

Die Auberginen im Ganzen auf dem Grill, auf dem Gasherd oder im Ofen grillen, bis die Schale schwarz ist. Dann die Schale abziehen, sodass nur das Fruchtfleisch am Strunk übrig bleibt.

Anschließend auf einem Teller die passierten Tomaten anrichten, die Auberginen daraufsetzen und mit Chili, Tahina, grobem Meersalz und Olivenöl garnieren. Mit Zitronensaft beträufeln.

Focaccia mit Hühnerspießen

4–6 PORTIONEN
MITTEL

Für die Hühnerspieße

40 g	Knoblauchzehen
100 ml	Olivenöl
8 g	Salz
15 ml	Zitronensaft
1 TL	gemahlene Kurkuma
1 EL	Zucker
800 g	ausgelöste Hühnerkeulen

Für die Focaccia

300 ml	Wasser
30 ml	Olivenöl
500 g	Mehl
7 g	Trockenhefe
12 g	Salz
2 EL	Zucker
	Mehl für die Arbeitsfläche
	Olivenöl für das Blech und den Teig
	grobes Meersalz
	frischer Thymian, Salbei oder Rosmarinzweige

Zum Garnieren

200 g	Joghurt
	etwas Olivenöl

Für die Hühnerspieße den Knoblauch abziehen und mit Olivenöl, Salz, Zitronensaft, Kurkuma und Zucker pürieren. Das ausgelöste Hühnerfleisch in dieser Paste 1–5 Stunden marinieren (je nachdem, wie viel Zeit man hat), dann das Fleisch auf Spieße stecken.

Für die Focaccia Wasser und Öl in einer Küchenmaschine bei mittlerer Geschwindigkeit vermengen. Mehl, Trockenhefe, Salz und Zucker hinzufügen. 6 Minuten bei niedriger Geschwindigkeit rühren. Dann den Teig herausnehmen, zu einer Kugel formen und in einem Gefäß mit Folie abgedeckt 2 Stunden gekühlt ruhen lassen.

Anschließend den Teig auf der bemehlten Arbeitsfläche weiter kneten und wieder zu einer Kugel formen. Den Teig mit etwas Mehl bestreuen, auf der bemehlten Arbeitsfläche mit einem Geschirrtuch abdecken und bei Zimmertemperatur 25 Minuten ruhen lassen.

Ein tiefes großes Backblech mit Olivenöl einfetten und beiseitestellen. Den Ofen auf 220 °C vorheizen.

Den Teig circa 2 Zentimeter dick ausrollen. Auf das Backblech legen, etwas Olivenöl und grobes Meersalz darauf verteilen. Nach Belieben auch frischen Thymian, Salbei oder Rosmarin daraufgeben. Die Focaccia bei 220 °C circa 20 Minuten backen. Da jeder Ofen anders ist, empfehle ich, dass Sie den Teig beobachten und so lange backen, bis er eine goldbraune Farbe annimmt.

Die Hühnerspieße entweder in einer Grillpfanne anbraten oder auf dem Grill grillen. Die Spieße zum Servieren auf der Focaccia platzieren und mit Joghurt und Olivenöl beträufeln.

Quinoa mit grünem Spargel und Schafskäse

Für den Quinoa

50 g	weiße Zwiebeln
50 g	Karotten
100 g	weißer Quinoa
50 g	schwarzer Quinoa
225 ml	Gemüsefond
2 TL	Salz

Für die Marinade

2	Tomaten
10 g	Dillspitzen, frisch gehackt
1 EL	Koriander, frisch gehackt
3 EL	Petersilie, frisch gehackt
20 ml	Zitronensaft
1 TL	Salz
40 ml	Olivenöl

Für den Spargel

1 kg	grüner Spargel
	Salz
	Olivenöl zum Braten

Zum Garnieren

250 g	Kirschtomaten
250 g	Kalamata-Oliven
90 g	Schafskäse
60 g	rote Zwiebeln

4-6 PORTIONEN
MITTEL

Für den Quinoa Zwiebeln abziehen und vierteln. Karotten schälen und längs halbieren. Beides mit dem weißen und schwarzen Quinoa in einem Topf im Gemüsefond aufkochen lassen. Salz hinzugeben. Zugedeckt auf kleiner Flamme 20 Minuten köcheln lassen. Anschließend Karotten und Zwiebel herausnehmen und den Quinoa abkühlen lassen.

Für die Marinade Tomaten halbieren und Saft auspressen. In einer großen Schüssel den Quinoa mit den gehackten Kräutern, Zitronensaft, Salz, Tomatensaft und Olivenöl gründlich vermischen.

Den Spargel waschen und holzige Enden abschneiden. In Salzwasser bissfest kochen, anschließend kalt abschrecken. Spargelstangen halbieren und im heißen Olivenöl kurz anbraten.

Kirschtomaten waschen und halbieren. Kalamata-Oliven entkernen und klein schneiden. Schafskäse zerbröckeln. Zwiebeln abziehen und hacken.

Zum Servieren den Quinoa auf Teller verteilen, den Spargel darauf platzieren und Kirschtomaten, Oliven, Schafskäse und rote Zwiebeln darüber verteilen.

Belugalinsen-„Mesabha" mit Riesengarnelen

8-10 PORTIONEN
MITTEL

Für die Linsen

500 g	Belugalinsen
20 g	Knoblauchzehen
15 g	rote Chilischote
80 g	rohe Tahina
	Saft von 2 Zitronen
1 TL	Meersalz

Für die Garnelen

400 g	Riesengarnelen
	Saft von 1-2 Zitronen
	Salz
1 EL	Olivenöl

Zum Garnieren

500 ml	Rapsöl
8	Kirschtomaten
ca. 2	rote Chilischoten
35 g	eingelegte Zitronen (siehe Seite 36)
1 EL	Olivenöl

Die Belugalinsen in ein Gefäß geben, mit Wasser auffüllen und 2 Stunden einweichen lassen. Dann abwaschen und absieben. Linsen in einem Topf mit viel Wasser zum Kochen bringen und circa 30 Minuten lang köcheln lassen. Dann abgießen und etwas Kochwasser dabei auffangen.

Knoblauch abziehen, Chilischote putzen, beides grob hacken und anschließend in einem großen Mörser zu einer Paste zerreiben. Die Hälfte der gekochten Linsen sowie 1 Esslöffel Kochwasser dazugeben und zerstampfen. Dann Tahina, Zitronensaft und Salz zugeben, unterrühren und vorsichtig mit den restlichen Linsen vermengen.

Das Rapsöl in einem Topf erhitzen und die Kirschtomaten kurz darin frittieren.

Die Riesengarnelen in Zitronensaft und Salz marinieren. Olivenöl in einer Pfanne erhitzen und die Riesengarnelen auf beiden Seiten bei hoher Hitze darin anbraten.

Die Linsen auf Tellern verteilen. Die Garnelen daraufgeben. Die Chilischoten fein schneiden, die eingelegten Zitronen hacken. Das Mesabha mit Chili, den frittierten Tomaten, Zitronen und Olivenöl garnieren.

Polenta mit pochiertem Ei

6–8 PORTIONEN
MITTEL

Für die Polenta

1,5 kg	Maiskolben
500 ml	Milch
50 g	Polentagrieß
100 g	Butter
2 TL	Salz

Für den Blattspinat

100 g	Blattspinat
80 g	Butter
1	Prise Salz

Außerdem

	etwas Olivenöl zum Bepinseln
6–8	Eier (1 Ei pro Person)
50 g	Parmesan, frisch gerieben

Hayas Tipp:

Wenn man Mais während der Saison verwendet, schmeckt die Polenta süßlich – eine bestimmte Süße und Frische ist nämlich nur von frischem Mais zu bekommen. Wenn man keinen frischen Mais bekommt, kann man nur Polentagrieß verwenden (ca. 100 Gramm). Ich bin mit dem rumänischen Traditionsgericht „Mamaliga" (Polenta) aufgewachsen. Meine Großmutter hat aus Polenta verschiedenste Variationen mit verschiedensten Käsesorten oder auch Aufläufe daraus gemacht.

Maiskolben von den Blättern und Stängeln befreien, dann die Maiskolben aufstellen und der Länge nach mit einem scharfen Messer abhobeln. Darauf achten, dass man nicht die ganzen Maiskörner entfernt, sondern nur so mit dem Messer auf dem Kolben auf- und abreibt, dass man den Saft vom Mais erhält.

Maissaft und Milch in einen Topf geben, leicht erhitzen und unter ständigem Rühren die Polenta einrieseln lassen. Bei mittlerer Hitze 6–7 Minuten köcheln lassen, bis eine cremige Konsistenz entsteht. Wichtig ist, dass man durchgehend mit einem Schneebesen rührt, sodass nichts anbrennen kann. Am Schluss die Butter und Salz hinzufügen und 2 weitere Minuten köcheln lassen. (Wenn man die Polenta nicht sofort verwendet, kann man sie später mit Milch wieder weich machen.)

Den Spinat waschen, putzen und trockenschwenken. Die Butter in Würfel scheiden und in einen kleinen Topf geben. Spinat, Salz und 30 Milliliter Wasser zugeben und so lange erhitzen, bis der Spinat zusammenfällt.

Etwas Frischhaltefolie mit Olivenöl bepinseln, die Eier einzeln hineingeben und die Folie wie ein Bonbon zusammenbinden, damit keine Flüssigkeit hineingelangt. Dann in einen Topf mit kochendem Wasser die Eier einhängen und 4 Minuten kochen. Anschließend herausnehmen, aus der Folie nehmen und auf der Polenta mit dem Spinat platzieren. Am Schluss Parmesan darüberreiben.

NENIs Pizza mit Büffelmozzarella

4 PORTIONEN
MITTEL

Für den Teig

150 ml	Wasser
15 g	frische Hefe
1 TL	Zucker
250 g	glattes Mehl
½ TL	Salz
2 TL	Olivenöl

Zum Garnieren

300 g	Büffelmozzarella
100 g	frische Tomaten
200 g	Matbucha (siehe Seite 26)
20	frische Basilikumblätter
1	grüne Chilischote, in Ringen
	grobes Meersalz
	Pfeffer aus der Mühle
	etwas Olivenöl

Den Teig am besten schon 1 Tag im Voraus zubereiten. Dafür die Zutaten in der Küchenmaschine rühren, bis der Teig glatt wird. Den Teig über Nacht im Kühlschrank ruhen lassen.

Den Teig ausrollen, einklappen, wieder ausrollen, wieder einklappen. Den Vorgang circa 10-mal wiederholen, sodass der Teig wie ein Blätterteig gut aufgeht und locker ist.

Den Teig im vorgeheizten Ofen bei 220 °C circa 15 Minuten lang backen, bis er wie ein Ballon aufgeht.

Zum Servieren den Büffelmozzarella mit den Fingern auseinanderreißen und auf die Pizza geben. Tomaten waschen und schneiden. Tomaten, Matbucha, Basilikumblätter und Chiliringe auf der Pizza verteilen. Mit Meersalz und frischem Pfeffer bestreuen und mit Olivenöl beträufeln.

Butternutkürbis-Kichererbsen-Schmorgericht

6 PORTIONEN
MITTEL

100 g	rohe Kichererbsen
500 g	Butternutkürbis
60 ml	Olivenöl
	Salz
100 g	rote Zwiebel
100 g	Blattspinat
½ TL	marokkanisches Paprikapulver
½ TL	gemahlener Kreuzkümmel
100 g	Harissa (siehe Seite 22)
10 ml	Dattelsirup oder Ahornsirup
15 ml	Zitronensaft

Die Kichererbsen über Nacht voll bedeckt in Wasser einweichen. Am nächsten Tag abwaschen und in einem voll befüllten Topf mit Wasser 2 Stunden (oder mit dem Schnellkochtopf 30 Minuten) auf mittlerer Stufe kochen lassen.

Kürbis waschen, putzen, in Würfel schneiden und in 30 Milliliter Olivenöl und ½ TL Salz marinieren, dann im vorgeheizten Ofen bei 250 °C circa 20 Minuten backen, bis er dunkel ist. Im Ofen abkühlen lassen.

Die Zwiebel abziehen und in Ringe schneiden. In einer großen Pfanne restliches Olivenöl erhitzen, die Zwiebel anschwitzen, dann die abgetropften Kichererbsen hinzufügen und 4 Minuten anrösten.

Den Blattspinat waschen und trockenschwenken.

Nach etwa 4 Minuten, sobald die Kichererbsen eine goldbraune Farbe haben, Kürbis, Paprikapulver, Kreuzkümmel und Harissa hinzufügen. Mit 100 Milliliter Wasser ablöschen und Dattelsirup sowie Blattspinat hinzufügen. Am Schluss mit Salz abschmecken und mit Zitronensaft beträufeln.

Gerstenrisotto mit Pilzen

4 PORTIONEN
MITTEL

Für das Risotto

- 20 g getrocknete Steinpilze
- 1 Knoblauchzehe
- 1 Schalotte
- 1½ EL Olivenöl
- 2 Kräuterseitlinge
- 5 Champignons
- 100 g Rollgerste
- 40 g Sojajoghurt

Für die Brühe (ergibt ca. 1 l)

- 50 g Zwiebeln
- 1 Knoblauchzehe
- Öl zum Braten
- ½ Chilischote
- 1 TL Meersalz
- ½ TL Thymian

Zum Garnieren

- 50 g Haselnüsse
- 25 g getrocknete Aprikosen
- Salz
- Pfeffer, frisch gemahlen
- Pistazienkerne zum Garnieren

Die getrockneten Steinpilze in 250 Milliliter heißem Wasser circa 20 Minuten einweichen. Anschließend die Pilze herausnehmen und das Einweichwasser aufheben.

Für die Brühe Zwiebeln und Knoblauch abziehen, fein hacken und in einem Topf in Öl anbraten. Chili waschen, fein hacken und mit Salz und Thymian hinzufügen. Das Ganze mit dem Einweichwasser der Pilze und 1 Liter Wasser ablöschen. Etwas einkochen lassen.

Für das Risotto Knoblauch und Schalotte abziehen. Olivenöl in einer Pfanne erhitzen, Schalotte darin glasig dünsten. Pilze putzen, bei Bedarf klein schneiden und dazugeben. Knoblauch zugeben. Gerste hinzugeben, anschwitzen und etwas Farbe annehmen lassen. Mit etwas Brühe ablöschen und einkochen lassen. Nach und nach die Brühe zugeben und wie ein Risotto köcheln. Am Schluss den Sojajoghurt unterrühren.

Für die Garnitur die Haselnüsse in einer trockenen Pfanne rösten, anschließend hacken. Aprikosen klein schneiden. Kurz vor Ende der Garzeit die Aprikosen und die Haselnüsse zum Risotto geben. Salzen und pfeffern. Das Risotto mit Pistazien garniert servieren.

Rinderschmorbraten

(HAYAS LIEBLING)

6-8 PORTIONEN
AUFWENDIG

1,5–1,7 kg	Rinderhals (gute Qualität!), in 12-15 gleichmäßige Stücke geschnitten
1 EL	Salz
2 EL	schwarzer Pfeffer, geschrotet
70 ml	Olivenöl
400 g	Karotten
200 g	Petersilienwurzeln
250 g	kleine Schalotten
25 g	grüne Chilischote
2	Frühlingszwiebeln
750 ml	Roséwein (gute Qualität)
300 g	Weintrauben (am Stiel)
3	Salbeiblätter oder 2 Zweige Thymian (je nach Geschmack)
300 g	Weintrauben zum Auspressen (verschiedene Sorten und Farben)
1 EL	Tomatenmark
1 EL	Senf

Hayas Tipp:
Bei diesem Gericht ist es sehr wichtig, dass man beim Metzger die beste Fleischqualität bekommt.

Das Fleisch mit Salz, Pfeffer und der Hälfte des Olivenöls einreiben, auf ein Blech geben und marinieren.

Die Karotten schälen und in 2 Zentimeter lange Stücke schneiden, dabei die Ecken rund abschneiden (siehe Foto). Die Petersilienwurzeln schälen und in mittelgroße Stücke schneiden, dabei wieder die Ecken abrunden. Die Schalotten im Ganzen in kochendem Wasser 2 Minuten einlegen, dann die äußere Schale abziehen. Die Chilischote längs aufschneiden, die Frühlingszwiebeln waschen und ganz lassen.

In einer Pfanne das restliche Olivenöl erhitzen, das Gemüse bis auf die Frühlingszwiebeln hinzufügen und alles bei mittlerer Hitze anbraten, bis das Gemüse eine goldbraune Farbe hat. Mit 1–2 Esslöffel Wasser ablöschen und mit einem Holzlöffel alles, was am Pfannenboden klebt, ablösen. Den Inhalt der Pfanne in eine Schüssel geben und beiseitestellen.

Die Pfanne auswischen, wieder erhitzen und die in Olivenöl marinierten Fleischstücke bei mittlerer Hitze anbraten, bis das Fleisch eine goldene Farbe hat. Dabei nur einmal wenden (nicht öfter hin- und herwenden). Das Fleisch aus der Pfanne nehmen, dabei wieder die Rückstände aus der Pfanne mit einem Holzlöffel ablösen und zum Fleisch geben.

In einem großen ofenfesten Gefäß, in dem das Fleisch viel Platz hat (Topf, Pfanne oder Kasserolle), das Fleisch, den Roséwein und die Trauben (am Stiel!) verteilen. Das Gemüse zugeben und die Frühlingszwiebeln, Salbeiblätter oder Thymian hinzufügen.

Den Ofen auf 270 °C vorheizen. Die Trauben zum Auspressen in eine Schüssel geben, mit den Händen ausdrücken und zerquetschen. Das zerdrückte Fruchtfleisch in ein Sieb mit einem Gefäß darunter geben und mithilfe eines Löffels noch mehr ausdrücken.

Traubensaft, Tomatenmark und Senf mischen und auf dem Fleisch im Ofengefäß verteilen. Wasser hinzufügen, bis das Fleisch sowie das Gemüse bedeckt sind. Backpapier auf den Topf oder die Pfanne legen, dabei die Form des Papiers an die Form anpassen. An den Seiten kann 1 Zentimeter frei bleiben.

→ S.138

→ Fortsetzung von S.137

Obenauf 2 Schichten Aluminiumfolie legen.

Den Rinderschmorbraten 1 Stunde im heißen Ofen garen, dann weitere 3 Stunden bei 200 °C weiterschmoren. Währenddessen immer mal wieder schauen, ob er nicht austrocknet. Bei Bedarf etwas Wasser zugeben.

Anschließend das Ganze auf dem Herd reduzieren, bis die Sauce stark eingekocht ist. Dies kann bis zu 1 Stunde dauern.

---

4 PORTIONEN
MITTEL

600 g	Kartoffeln
	Salz
50 ml	Olivenöl
480 g	gekochter Oktopus (Tentakel)
4 EL	Crème fraîche
4 EL	Matbucha (siehe Seite 26)
1	Frühlingszwiebel
16	Basilikumblätter
	Olivenöl zum Garnieren

Die Kartoffeln mit Schale in gesalzenem Wasser kochen, bis man mit einer Messerspitze leicht durchstechen kann.

Eine Pfanne mit Olivenöl erhitzen, die gekochten Kartoffeln mit der Hand leicht zerquetschen und hineingeben. Die Kartoffeln anrösten, bis sie goldbraun sind. Danach herausnehmen.

Dann den Oktopus darin anbraten. Während des Anbratens einen schweren Teller oder Deckel auf den Oktopus legen. So lange anbraten, bis der Oktopus eine goldbraune Farbe hat.

Auf Teller etwas Crème fraîche geben, dann die Kartoffeln sowie den Oktopus auf den Tellern platzieren. Dann das Matbucha grob darum verteilen. Frühlingszwiebel waschen und in feine Ringe schneiden. Basilikumblätter waschen und trocknen. Oktopus mit Basilikumblättern, Frühlingszwiebelringen und etwas Olivenöl garnieren.

Gegrillter Oktopus mit Kartoffeln und Matbucha

MEIN Tomaten-experte

„DER WERTVOLLSTE INHALTSSTOFF DER TOMATE IST LYCOPIN, ER GEHT AUCH NICHT BEIM KOCHEN VERLOREN. ICH SAGE IMMER: DREI TOMATEN TÄGLICH, UND MAN BLEIBT GESUND!"

Erich Stekovics, Tomatenzüchter

SEINE ZÜCHTUNGEN SIND WEIT ÜBER ÖSTERREICHS GRENZEN HINAUS BEKANNT: ERICH STEKOVICS PFLANZT AUF SEINEN BURGENLÄNDISCHEN FELDERN MEHR ALS 1000 VERSCHIEDENE TOMATEN-SORTEN AN. UND DAS MIT HERZBLUT: ER SCHEINT ZU JEDER EINZELNEN TOMATE EINEN BEZUG ZU HABEN, VIELLEICHT SPRICHT ER SOGAR MIT IHNEN – IN JEDEM FALL SPÜRT MAN DIE LEIDENSCHAFT IM UMGANG MIT SEINEN PFLANZEN! MANCHE SEINER TOMATEN SCHMECKEN SO SÜSS, DASS MAN SIE ALS DESSERT ANBIETEN KÖNNTE, ANDERE SO INTENSIV, DASS SIE GANZ PUR, NUR MIT ETWAS MEERSALZ UND BALSAMICO-ESSIG GEWÜRZT, EINE TOLLE VORSPEISE ABGEBEN. BEI MEINEM BESUCH VERRIET MIR ERICH SEIN LIEBLINGSREZEPT: „PARADEISER, KNOBLAUCH, BASILIKUM, MEERSALZ UND ACETO BALSAMICO VON PECORARO – DAS IST DER BESTE!"

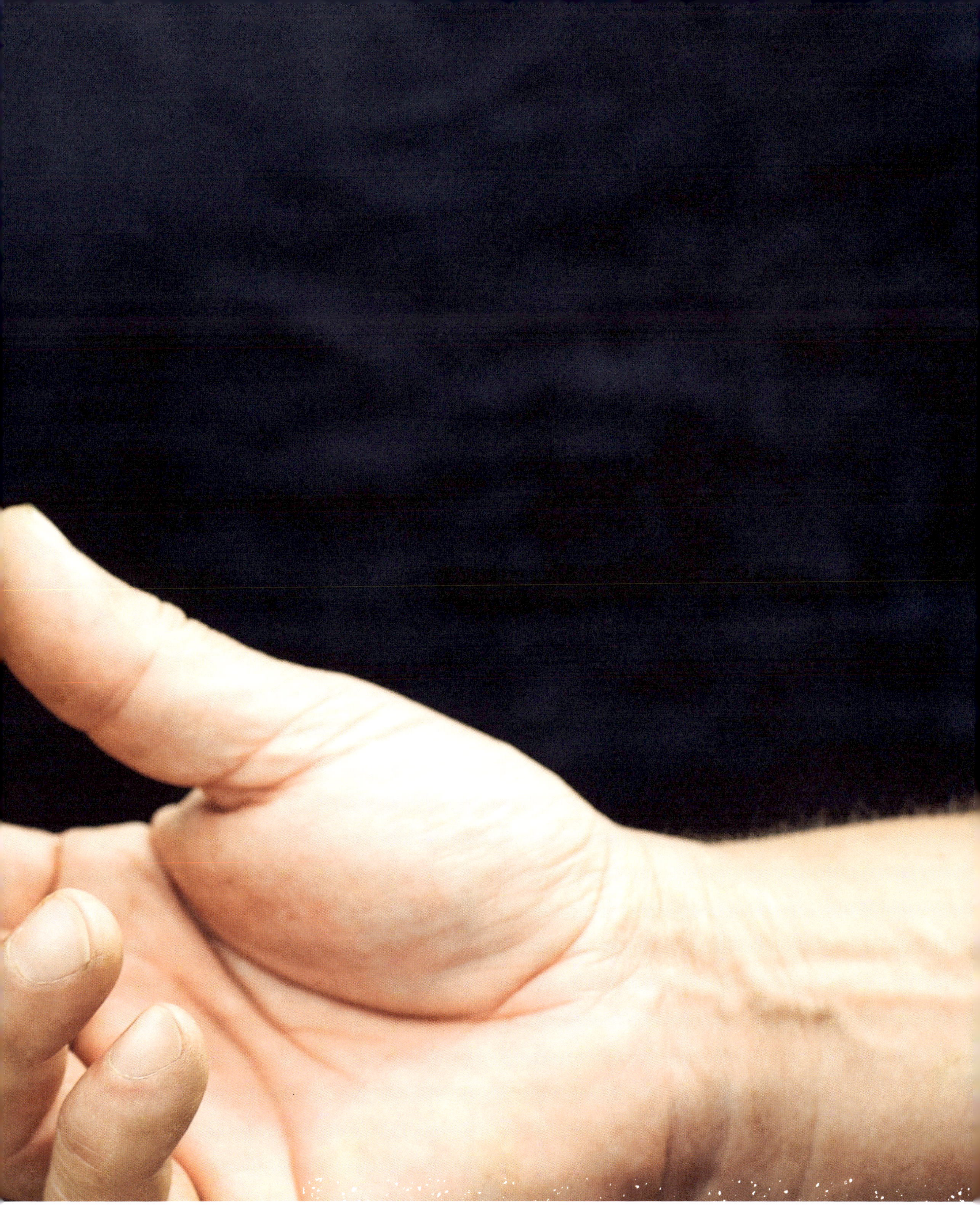

ILAN MOLCHO

ZU

Desserts

Ilan, KOMMT DAS BESTE IMMER ZULETZT?

Das Dessert war bei uns immer das Highlight bei jedem Essen, und manchmal träume ich sogar von Hayas Nachspeisen! Was wenige wissen: Sie selbst ist eine richtige Naschkatze. Von uns Brüdern bin bestimmt ich derjenige, der am verrücktesten nach Süßem ist. Mir zuliebe hat Haya begonnen, mit Eis herumzuexperimentieren – Vanilleeis mit Halva, Pistazien und Dattelsirup. Ihr Erdnuss-Karamell-Eis, das man mittlerweile österreichweit in allen Spar-Supermärkten bekommt, ist meine absolute Lieblingsmischung! Denn es ist süß, hat aber durch die Erdnüsse auch eine salzige Note.

Die Kombination von süß und salzig ist sehr typisch für Hayas Desserts. Wenn sie zum Beispiel Knaffe mit karamellisierten Birnen macht – das ist eine arabisch-türkische Nachspeise aus quarkartigem Käse und feinem Kadayif-Teig –, verwendet sie eine Ricotta-Camembert-Mozzarella-Mischung.

HAYA GEHT IMMER IHREN EIGENEN WEG. BEI DEN NACHSPEISEN MERKT MAN DAS GANZ BESONDERS.

Selbst wenn sie etwas Einfaches wie Erdbeeren mit Mascarpone serviert, wird das Ganze zu etwas ganz Besonderem, zum Beispiel durch eine überraschende Zutat. Zu Chanukka, dem jüdischen Lichterfest, bei dem es traditionellerweise Latkes – Kartoffelpuffer mit Apfelmus – gibt, verwendet sie Süßkartoffeln, die sie mit Zimt und Zucker bestreut. Ich kann nicht sagen, was mir am besten schmeckte oder schmeckt, weil ich gerne immer wieder Neues ausprobiere. Die Nachspeise ist so wichtig, weil sie zum Schluss kommt – und der letzte Eindruck bleibt hängen. Als wir noch Kinder waren, lebten wir einmal drei Monate lang in China. In ihrer asiatischen Phase hat uns Haya nicht nur Fried Bananas gebacken, sondern sich irgendwann auch Mangosoufflé in den Kopf gesetzt. Sie hat so lange geübt und die Dinger zornig durch die Luft geschmissen, bis sie es perfekt hinbekam.

Ganz zu Beginn, als wir NENI am Naschmarkt gerade eröffnet hatten, ging es manchmal richtig chaotisch zu. Es fehlte uns ja noch die Erfahrung! Als Wiedergutmachung haben wir dann unseren Gästen ein Stück Cheese Cake serviert. Hayas New York Cheese Cake ist bis heute eine feste Institution im NENI. Alle lieben ihn. Wir haben ihn nie von der Karte genommen, weil er für uns so eine starke Symbolkraft hat.

Ilan Molcho überwacht die Herstellung der NENI-Produktserie, die Koordinierung der Logistik und die Auslieferung der NENI-Produkte. Außerdem behält er die Finanzen im Auge.

Karamellisierte Ananas

8 PORTIONEN
MITTEL

Für die Ananas

1	Ananas (ca. 1,5 kg)
1 EL	Vanilleextrakt aus Bourbon-Vanille
50 g	Zucker

Für die Sauce

200 g	Butter
100 g	Zucker
50 ml	Rum
1 TL	Abrieb von 1 Bio-Orange
1 TL	Abrieb von 1 Bio-Limette

Den Backofen auf 180 °C (Umluft 160 °C, Gas Stufe 2-3) vorheizen.

Die Ananas schälen und dabei die Schale in einer schönen Spiralform herunterschneiden. Die „Augen" entfernen und die Randabfälle beiseitelegen. In die Rillen der Ananas das Vanilleextrakt und den Zucker einreiben.

Für die Sauce in einem Topf Butter und 50 Gramm Zucker mit den Resten der Ananas karamellisieren und danach Rum und 1 Liter Wasser hinzufügen und 15 Minuten köcheln lassen. Anschließend den Sirup vom Herd nehmen und durch ein Sieb gießen.

Restlichen Zucker und Zitrusabrieb auf einem Teller mischen. Die Ananas in der Mischung wenden und aufrecht in eine ofenfeste Form stellen.

Die Ananas mit dem Sirup übergießen und im Backofen bei 180 °C 1½ Stunde backen und immer wieder zwischendurch mit der Sauce übergießen.

French Toast mit Pflaumen-chutney

4 PORTIONEN
MITTEL

Für das Chutney

2,5 kg	Pflaumen
1	Sternanis
5	Kardamomkapseln
4	Nelken
½	Zimtstange
1 kg	Kristallzucker
	Saft von 1 Zitrone
200 ml	Rotwein
	abgeriebene Schale von 2 Zitronen

Für die French Toasts

150 ml	Kokosmilch
100 ml	Milch
2 EL	Zucker
4	Stück vom Challa (siehe Seite 28; 2–3 cm dicke Scheiben; alternativ geht auch Brioche)
30 g	Butter
1 EL	Zucker

Für das Chutney Pflaumen waschen, entkernen und in Viertel schneiden. Anschließend mit Sternanis, Kardamom, Nelken und Zimtstange in einen Topf geben. Zucker, Zitronensaft und Rotwein hinzufügen. Aufkochen und bei niedriger Temperatur einkochen. Zitrusabrieb dazugeben.

Nach circa 1 Stunde die Pflaumen mit einer Schaumkelle herausheben und beiseitestellen. Den Saft köcheln lassen. Wenn der Saft reduziert ist, die Früchte hinzufügen, das Chutney abfüllen und kühl lagern.

Für die French Toasts mit einem Schneebesen Kokosmilch, Milch und Zucker gut vermischen, die Challa-Stücke hineinlegen und 15 Minuten in der Milchmischung ruhen lassen. Dann die Flüssigkeit aus den Challa-Scheiben leicht ausdrücken, die Scheiben auf beiden Seiten in Butter anbraten. Zucker darüberstreuen und kurz auf beiden Seiten weiterbraten, bis sie karamellisiert und schön knusprig sind.

Hayas Tipp:

Meine Lieblingskombination für French Toast ist mit Pflaumenchutney und selbst gemachtem Ricotta als Beilagen. Wenn man keinen Ricotta zu Hause hat, einfach einen Löffel Sauerrahm aufschlagen und dazu servieren.

Crème Caramel nach Samys Mutter

6 PORTIONEN
MITTEL

	Zucker für die Form
1 l	Milch
1	Vanilleschote
9	Eier
1	Prise Salz
200 g	Zucker

Eine Metallform mit Zucker ausstreuen und auf der Herdplatte karamellisieren lassen, dabei darauf achten, dass der Zucker nicht zu dunkel wird. Anschließend die Form von außen mit kaltem Wasser abschrecken, sodass der Karamell hart wird. (Darauf achten, dass kein Wasser in die Form gelangt!)

Die Milch mit der ganzen Vanilleschote bei niedriger Temperatur zum Kochen bringen. Danach die Schote herausnehmen, halbieren und das Mark auskratzen.

6 Eier trennen. 6 Eigelbe und 3 ganze Eier, Salz und Zucker langsam aufschlagen. Dann die heiße Milch und das Vanillemark dazugeben und nur kurz vermengen. Die Masse in die Form eingießen.

Ein tiefes ofenfestes Gefäß mit Wasser füllen, die Form hineinstellen, sodass zwei Drittel im Wasserbad sind. Die Crème Caramel bei 150 °C im Ofen 1 Stunde und 10 Minuten garen. Anschließend 4 Stunden kalt stellen und dann die Crème aus der Form stürzen.

Chia-Pudding

6 PORTIONEN
MITTEL

Für den Chia-Pudding

500 ml	Milch
50 g	Zucker
	Abrieb von ½ Bio-Zitrone
1 EL	Kaffeebohnen
90 g	Chia-Samen

Für die Zitronencreme

250 g	Butter
250 g	Zucker
125 g	weiße Schokolade
250 ml	Zitronensaft
250 g	Eiweiß

Für das Crumble

250 g	Butter
150 g	Zucker
50 g	Mehl
75 g	gemahlene Walnüsse

Für den Chia-Pudding die Milch mit Zucker, Zitronenschale und Kaffeebohnen aufkochen und abkühlen lassen. Anschließend passieren und die Chia-Samen dazugeben, dann mindestens 4 Stunden im Kühlschrank durchkühlen.

Für die Zitronencreme Butter, Zucker, Schokolade und Zitronensaft auf dem Wasserbad schmelzen. Das Eiweiß langsam dazugießen und unter ständigem Rühren zu einer Creme verarbeiten.

Für das Crumble Butter, Zucker und Mehl mit den Fingern zerbröseln. Gemahlene Walnüsse untermischen und die Krümel locker auf einem Backblech verteilen. Bei 180 °C 20-30 Minuten goldbraun backen.

Zum Servieren den Pudding mit der Zitronencreme mischen und mit dem Crumble auf Tellern anrichten.

Hayas Tipp:

Ich reiche den Pudding gerne mit Sauerkirschkonfitüre (siehe Seite 19) oder Pflaumenchutney (siehe Seite 155).

Kunafeh

4-6 PORTIONEN
MITTEL

Für das Zuckerwasser

250 g Zucker
375 ml Wasser
1 Zimtstange
2 Kardamomkapseln
1 Sternanis

Für das Kadaifi

250 g Kadaifi (Engelshaar)
150 g geschmolzene Butter
300 g Mozzarella
200 g Mascarpone
Salz

Außerdem

rundes Tortenblech (26 cm Durchmesser)
geschmolzene Butter für die Form
50 g geröstete Pistazien

Die Zutaten für das Zuckerwasser alle in einen Topf geben, gut verrühren und zugedeckt 30 Minuten kochen lassen, bis der Sirup dickflüssig ist.

Ein rundes Tortenblech (Durchmesser 26 cm) mit etwas geschmolzener Butter auspinseln. Den Backofen auf 180 °C vorheizen.

Das Kadaifi in eine Schüssel geben und die geschmolzene Butter sehr gut darüber verteilen, sodass sich die Engelshaare schön auseinanderziehen lassen.

Den Mozzarella mit den Händen in kleine Stücke reißen und in eine Schüssel geben. Mascarpone und 1 Prise Salz hinzufügen und verrühren.

Die Hälfte des Kadaifis nehmen und auf dem Tortenblech gut verteilen, sodass nichts mehr vom Blech durchscheint. Dann die Käsemischung darauf verteilen. Darauf die zweite Hälfte des Kadaifis gut verteilen und mit Käsemischung bedecken. Die Kunafeh im heißen Ofen 15 Minuten backen (bis die Engelshaare goldbraun sind).

Das Tortenblech herausnehmen. Solange das Ganze noch heiß ist, mit einem Löffel das Zuckerwasser großzügig darüber verteilen. (Wenn man es süßer mag, kann man mehr nehmen oder umgekehrt weniger.) Die Pistazien hacken und die Kunafeh damit garnieren.

Hayas Tipp:

Man kann dieses Gericht gleich aus dem Blech löffeln oder auf Teller verteilen und servieren. Dazu passt Joghurteis.

Quitten-Crumble

8 PORTIONEN
MITTEL

Für die Quitten

4	Quitten
	Saft von ½ Zitrone
3	Nelken
1	Zimtstange
1	Sternanis
1,5 kg	Zucker

Für das Crumble

150 g	Zucker
150 g	Butter
200 g	Mehl
50 g	geriebene Mandeln

Für die Quitten einen Topf mit Backpapier auslegen. Die Quitten waschen, schälen und halbieren. Danach die Quitten mit 2 Liter Wasser, Zitronensaft, Nelken, Zimtstange, Sternanis und Zucker in den mit Backpapier ausgelegten Topf geben. Das Ganze für 2–3 Stunden auf mittlere Hitze köcheln.

Für das Crumble Zucker, Butter, Mehl und Mandeln mit den Händen vermengen und gut mit den Fingern zerreiben, bis alle Zutaten gut vermischt sind. Die Konsistenz soll sandartig sein. Wird die Masse zu weich, kurz in den Kühlschrank stellen.

Die Quitten mit einem Schaumlöffel aus dem Topf nehmen und sehr vorsichtig die Kerne herauslösen. Dann die Quitten in eine feuerfeste Form geben und etwas von der Kochflüssigkeit darübergießen. Die Streusel auf den Quitten verteilen, sodass auf jeder Quitte ein kleiner „Berg" ist. Dann das Crumble 25–30 Minuten bei 180 °C backen, bis es eine goldbraune Farbe hat.

Hayas Tipp:
Ideal dazu ist ein Löffel Sauerrahm oder Crème fraîche.

Peanutbutter-Fudge-Brownies

8 PORTIONEN
MITTEL

300 g	Schokolade pur (Kuvertüre)
500 g	Butter
8	Eier
500 g	brauner Zucker
50 g	Erdnussbutter
250 g	Mehl
300 g	Erdnüsse, grob gehackt

Den Backofen auf 160 °C vorheizen. Die Schokolade und die Butter schmelzen.

Eier und Zucker mit einem Mixer aufschlagen, dann die Erdnussbutter hinzufügen.

Das Mehl zur Schokoladen-Butter-Masse geben und mit einem Schneebesen klümpchenfrei verrühren. Die Eier-Zucker-Mischung unterheben und zuletzt die grob gehackten Erdnüsse hinzufügen.

Den Teig auf einem Blech verteilen und 25–30 Minuten im Backofen backen. In der Mitte sollten die Brownies weich sein – am besten mit einem Zahnstocher testen, ob am Rand keine Masse hängen bleibt. Nach Wunsch in Dreiecke schneiden, mit Karamellsauce und gehackten Erdnüssen servieren.

Pistazien-soufflé

12 PORTIONEN
AUFWENDIG

Für die Pistazienpaste

100 g	geschälte Pistazien
100 g	Marzipan

Für die Patissiercreme

4	Eigelbe
65 g	Puderzucker
1 ½ EL	Mehl
1 ½ EL	Speisestärke
350 ml	Milch
½ TL	Vanillesirup oder Vanilleextrakt

Für die Soufflés

	Butter für die Form
60 g	Zartbitterschokolade
170 g	Patissiercreme (siehe oben)
80 g	Pistazienpaste (siehe oben)
400 g	Eiweiß
25 ml	Zitronensaft, frisch gepresst
100 g	Puderzucker

Außerdem

12	Souffléförmchen
	Butter für die Formen
	geröstete Pistazien und Puderzucker zum Garnieren

Für die Pistazienpaste die Pistazien in einer trockenen Pfanne rösten, dann mit dem Marzipan in einem Standmixer zu einer Paste pürieren.

Für die Patissiercreme die Eigelbe mit dem Puderzucker verquirlen und nach und nach Mehl und Speisestärke unterrühren. Milch und Vanillesirup oder -extrakt in einer schweren Saucenpfanne leicht zum Köcheln bringen. Dann vom Herd nehmen. Nach 2 Minuten ein Drittel der Milchmischung hinzufügen und das Ganze unter ständigem Rühren mit einem Schneebesen zu der Ei-Zucker-Mischung geben. Diese Mischung zur restlichen Milchmischung geben und das Ganze wieder am Herd erhitzen, bis es leicht köchelt, dabei immer weiter rühren.

Die Creme vom Herd nehmen und in eine saubere Schüssel umfüllen. Diese wiederum in eine größere Schüssel mit Eiswürfeln und kaltem Wasser zum Abkühlen stellen. Im Anschluss in den Kühlschrank stellen, bis man die Mischung wieder braucht.

Für die Soufflés die Formen mit Butter einfetten. Wichtig ist, dass auch der obere Rand der Souffléförmchen gut eingefettet ist, damit nichts kleben bleibt. Die Schokolade fein reiben und in den Formen verteilen.

Mit dem Schneebesen 170 Gramm der Patissiercreme mit 80 Gramm der Pistazienpaste verrühren, bis eine glatte, gleichmäßige Masse entsteht.

Den Backofen auch 180 °C vorheizen und dabei ein Blech im Ofen lassen. In einer anderen großen Schüssel Eiweiß und Zitronensaft mit dem Rührgerät verrühren, bis die Masse fester wird, dann den Puderzucker hinzufügen und noch einmal kurz weiter mixen. Ein Drittel der Eiweißmasse nehmen und mit der Pistaziencreme verrühren, dann diese Masse unter die restliche Eiweißmasse heben.

Die Souffléförmchen buttern, bis zur Hälfte mit der Teigmasse füllen, je ½ Teelöffel der restlichen Pistazienpaste hinzufügen und mit der Soufflémasse auffüllen. Am Rand mit einem Messer glatt streichen.

→ S. 164

→ Fortsetzung von S. 163

Hayas Tipp:
Wenn das Soufflé nicht gut aufgeht oder man Souffléreste hat, kann man den Teig mit den Händen etwas zerreißen und in einer Pfanne in etwas Butter schwenken, bis das Ganze Farbe annimmt und knusprig wird. Zum Servieren mit Puderzucker und Sauerkirschkonfitüre (siehe Seite 19) wie einen Kaiserschmarrn servieren.

Die Förmchen auf das Blech in den vorgeheizten Ofen stellen und 12 Minuten backen. Wer es gern weniger cremig mag, kann die Soufflés auch etwas länger backen. Die Masse sollte jedoch leicht aus den Förmchen kommen.

Vor dem Servieren mit Puderzucker und Pistazien garnieren.

Blumiger Couscous

4 PORTIONEN
LEICHT

250 ml	Wasser
250 ml	Orangensaft
15 ml	Haselnussöl
50 g	Zucker
25 g	Blütenpollen
250 g	grober Instant-Couscous
200 g	Erdbeeren
80 g	Heidelbeeren
40 g	geröstete Haselnüsse
30 g	geröstete Kürbiskerne
1 EL	Minzeblätter, fein gehackt
150 g	griechisches Joghurt
	Honig und/oder Muscovadozucker

250 Milliliter Wasser und den Orangensaft in einen Topf geben. Haselnussöl, Zucker und Blütenpollen hinzufügen, alles vermischen und zum Kochen bringen. Den Couscous hinzufügen, den Topf vom Herd nehmen und die Masse 10 Minuten ziehen lassen.

Beeren verlesen, waschen und bei Bedarf klein schneiden.

Den Couscous auf Tellern anrichten. Mit den Nüssen, Kürbiskernen, Beeren und Minze garnieren und in die Mitte etwas Joghurt geben. Nach Belieben mit Honig und/oder Muscovadozucker süßen.

Hayas Tipp:
Diese süße Couscousversion kann man sehr gut als Müsliersatz zum Frühstück essen.

Karotten-Ananas-Kuchen

12 PORTIONEN
MITTEL

Für den Kuchen

300 g	Karotten
180 g	Ananasfruchtfleisch
90 g	Pekannüsse
4	Eier
350 g	feiner Zucker
225 ml	Rapsöl
2	Messerspitzen Vanilleextrakt
300 g	glattes Mehl
2 TL	Backpulver
2	Messerspitzen Speisesoda (Natron)
1	Messerspitzen gemahlener Zimt
½ TL	Salz

Für die Creme

500 g	Frischkäse
20 g	weiche Butter
150 g	Puderzucker
40 ml	Zitronensaft

Zum Garnieren

geröstete Pistazien

Außerdem

Springform (28 cm Durchmesser)

Den Backofen auf 170 °C vorheizen. Für den Kuchen die Karotten waschen, schälen und reiben. Ananas in kleine Würfel schneiden, dabei den Saft auffangen. Pekannüsse in einer Pfanne ohne Öl rösten, dann fein hacken.

Eier und Zucker verrühren, bis eine gelb-schaumige Masse entsteht. Öl und Vanilleextrakt unterrühren. In einer zweiten Schüssel Mehl, Backpulver, Speisesoda, Zimt und Salz mischen.

Mit einem Holzlöffel die Mehlmischung unter die Eiermischung heben und gut verrühren.
Dann die Karotten und die Ananas samt aufgefangenem Ananassaft und die Nüsse unterheben.

Den Teig in eine Backform geben (28 cm Durchmesser) und im heißen Ofen 40-45 Minuten backen, abschließend abkühlen lassen (am besten über Nacht).

Für die Creme die Zutaten gut verrühren, bis eine gleichmäßige Masse entsteht. Wenn sie nicht sofort verwendet wird, kühl stellen.

Den Karottenkuchen quer halbieren. Etwas Creme auf dem Kuchenboden verteilen, die obere Kuchenhälfte wieder aufsetzen und den Kuchen rundum mit der restlichen Creme bestreichen. Am Schluss mit gerösteten Pistazien garnieren.

Semifreddo-Schokotorte

10 PORTIONEN
MITTEL

Für die Torte

300 g	hauchdünne Zartbitterschokoladentäfelchen
180 g	Meringues
3	Eier
90 g	Zucker
120 g	Zartbitterschokolade
1	Tasse Espresso (ca. 30 ml)
350 g	Sahne

Außerdem

	Springform (26 cm Durchmesser)
300 g	frische Beeren und
2 TL	Sauerkirschkonfitüre (siehe Seite 19) zum Garnieren

Den Springformboden mit Backpapier belegen und mit dem Ring einklemmen (oder die leere Springform ohne Boden direkt auf die Kuchenplatte legen).

Die hauchdünnen Zartbitterschokoladentäfelchen in der Springform rundherum am Rand überlappend platzieren, Meringues zerbröseln und auf den Springformboden (oder auf die Kuchenplatte) geben.

Eier trennen. Eigelbe mit Zucker schaumig rühren. Die Schokolade in einem Topf mit dem Espresso schmelzen, dann etwas abkühlen lassen und zur Ei-Zucker-Mischung geben.

Die Sahne steif schlagen und unterheben. Das Eiweiß ebenfalls steif schlagen, vorsichtig unterheben und die ganze Masse in die Springform gießen. Die Form auf einer ebenen Fläche in den Gefrierschrank stellen. Die Semifreddo-Schokotorte circa 20 Minuten vor dem Servieren aus dem Gefrierfach nehmen und aus der Springform lösen.

Vor dem Servieren nach Wunsch mit frischen Beeren und Sauerkirschkonfitüre garnieren.

Schokomousse-Baiser-Kugeln

CA. 10 KUGELN
MITTEL

Für die karamellisierten Nüsse

100 g	Pekannüsse
50 g	geschälte Mandeln
50 g	geschälte Haselnüsse
300 g	Zucker
	Rapsöl zum Frittieren

Für die Creme

200 g	Puderzucker
5	Eiweiß
1 EL	Speisestärke
½ TL	Apfelessig

Für die Mousse

3	Eier
2 EL	Zucker
120 g	Zartbitterschokolade
25 ml	Espresso
500 g	Sahne

Hayas Tipp:
Immer wenn ich meine Semifreddo-Schokotorte (siehe Seite 168) mache, bleibt mir Mousse über, und daraus forme ich dann diese kleinen Schokokugeln.

Die Nüsse in einem Topf mit 400 Milliliter Wasser und dem Zucker zum Kochen bringen und unter gelegentlichem Rühren 50-60 Minuten köcheln lassen. Anschließend in einem Sieb abseihen. Die Nüsse in einem Topf mit heißem Rapsöl 3 Minuten frittieren, bis die Nüsse eine schöne dunkle Farbe haben. Kurz abkühlen lassen, dann hacken.

Den Backofen auf 110 °C vorheizen. Für die Creme Puderzucker und Eiweiß mixen, bis die Masse steif ist. Am Schluss Speisestärke und Essig hinzufügen. Mit einem Spritzbeutel kleine Kugeln auf ein mit Backpapier ausgelegtes Backblech setzen. Dann im heißen Ofen circa 1 ½ Stunden backen. (Das Baiser kann man auch einen Tag vorher zubereiten.)

Für die Mousse Eier trennen. Eigelbe mit Zucker schaumig rühren. Schokolade mit Espresso in einem Topf schmelzen, dann etwas abkühlen lassen und zur Ei-Zucker-Mischung geben. Sahne steif schlagen und dazugeben, Eiweiß ebenfalls steif schlagen und vorsichtig unterheben.

Das gekühlte Schokoladenmousse vorsichtig über den Baiserkugeln verteilen und diese in den karamellisierten Nüssen wälzen. Danach in den Kühlschrank oder – wenn man sie länger aufbewahren will – im Gefrierschrank kühl stellen.

Mozzarella-Grieß-Dessert

4 PORTIONEN
MITTEL

Für die Grießmasse

350 g Mozzarella
20 g feiner Grieß

Für das Zuckerwasser

250 g Zucker
375 ml Wasser
1 Zimtstange
1 Sternanis
2 Kardamomkapseln

Für die Füllung

200 g Mascarpone

Zum Garnieren

20 g geröstete Pistazien

Den Mozzarella mit den Händen zerpflücken, in eine Pfanne geben und auf kleiner Flamme langsam schmelzen lassen. Wenn der Mozzarella geschmolzen ist, den Grieß hinzufügen und alles zu einer glatten Masse verrühren.

Auf einer glatten Oberfläche Backpapier auslegen und die geschmolzene Mozzarellamasse darauf verteilen. Noch eine Lage Backpapier daraufgeben, dann mit einem Nudelholz die Masse zu einem Viereck ausrollen, oberes Backpapier abnehmen und das Ganze auskühlen lassen.

In einen Topf alle Zutaten für das Zuckerwasser geben, gut verrühren und das Ganze zugedeckt 30 Minuten kochen lassen, bis es dickflüssig ist.

Mascarpone glatt rühren und auf das ausgekühlte Mozzarella-Grieß-Viereck streichen. Dann zusammenrollen und in kleine Stücke (siehe Bild) schneiden.

Die kleinen Stücke mit Zuckerwasser bestreichen und mit den gehackten Pistazien garnieren.

Hayas Tipp:
Ich bereite dieses Dessert immer einen Tag vorher zu und mache immer extra viel, da meine Familie es so schnell wegisst. Nur die Pistazien sollte man à la minute darüberstreuen.

GLOSSAR

Tomaten, Knoblauch und anderes Gemüse

LAGERUNG

Tomaten sollte man nicht kühl lagern, sondern am besten bei Zimmertemperatur. Sie bleiben auch dann länger frisch, wenn man sie mit Rispe kauft beziehungsweise mit Stängel erntet.

Kartoffeln, Zwiebeln, Gurken, Paprika und Auberginen fühlen sich am wohlsten bei Zimmertemperatur an einem kühlen, trockenen Ort.

Salate (Kopfsalat, Radicchio, Chicorée) müssen im Kühlschrank aufbewahrt werden.

Brokkoli, Karfiol (Blumenkohl), Kohlrabi, Fenchel zählen zu den raren Gemüsesorten, die man im Kühlschrank frisch hält. Wassermelonen am besten im Kühlschrank aufbewahren, da sie sonst rasch zu gären beginnen.

Avocados in Zeitungspapier wickeln und bei Zimmertemperatur aufbewahren. Wenn sie noch richtig hart sind, neben einen Apfel zum Nachreifen legen.

Kräuter konserviert man am besten im Kühlschrank, indem man sie in nassen Küchenkrepp einwickelt. Tücher täglich austauschen.

KONSERVIERUNG

Tomaten konserviert man am besten, indem man sie trocknet. Nach dem Entkernen auf einer Folie oder einem Backblech drapieren. Den Ofen auf 50 °C schalten und Tomaten über Nacht darin langsam vor sich hin braten lassen.

Bohnen, Spinat, Petersilie, Paprika, Auberginen und Mais eignen sich zum Tieffrieren. Das Gemüse sollte vorher blanchiert und bei Bedarf in Stücke geschnitten werden. Kräuter frisch hacken und klein dosieren (z.B. in Eiswürfelbehälter). Gurken, Zucchini, Pilze und alle Gemüsesorten, die viel Wasser enthalten, sollte man nicht tieffrieren.

VERTRÄGLICHKEITEN

Farbiges Gemüse oder Obst (z.B. Äpfel, Paprika, Tomaten) sollten nicht neben Bananen liegen, da es sonst rasch verdirbt.

Gelbe/rote Paprika nicht neben Gurken oder Auberginen lagern.

REIFEGRAD

Grünes Gemüse sollte immer richtig grün sein – wenn es beginnt, gelblich zu werden, ist es nicht mehr frisch. Das Gleiche gilt für Kräuter.

Auberginen müssen richtig prall sein und eine dunkle, satte Farbe haben. Die Blätter beim Strunk sind schön grün.

Kartoffeln sind nicht frisch, sobald gelbliche Wurzeln austreiben. Zwiebeln tragen bereits Spuren von Fäulnis in sich, wenn sie grüne Stängel bekommen.

Knoblauch, der an seinen Enden leicht gelb ist, kann noch verwendet werden – gelbe Stellen vorher wegschneiden. Breiten sich die gelben Stellen schon über die gesamte Knoblauchzehe aus, gehört sie entsorgt, da Knoblauch in diesem Zustand schwer zu verdauen ist und Bauchschmerzen verursachen kann.

Huhn, Lamm und Rindfleisch

FRISCHE

Rindfleisch sollte 4 bis 5 Wochen abgehangen sein, eine tiefrote Fleischfarbe ist daher ein Zeichen von Qualität. Ist das Fleisch noch rosig, dürfte das Tier frisch geschlachtet sein. In diesem Fall kann das Fleisch beim Verzehr etwas zäh sein.

Hühnerfleisch hat, solange es frisch ist, eine gelbliche Farbe; nach ein paar Tagen wird es weißlich.
Rind, Lamm, Huhn: Wenn Fleisch beim Braten viel Wasser abgibt, ist es von minderer Qualität beziehungsweise lässt auf eine mögliche Fütterung von Medikamenten oder auf eine vorangegangene Tieffrierung schließen.

FETT

Rind wie Lammfleisch sollten mit Fetträndern zubereitet werden, da Fett ein Geschmacksträger ist. Fleisch ohne Fett wird außerdem schnell trocken. Erst vor dem Verzehr das Fett entfernen. Rind mit feiner Marmorierung ist ein zusätzliches Qualitätsmerkmal.

Huhn im Ganzen sollte ebenfalls mit seinem Fett gebraten werden. Lediglich um den Bürzel herum kann man etwas Fett wegschneiden. Bei nacktem Hühnerfleisch kann schon vor der Zubereitung das Fett entfernt werden.

KONSERVIERUNG

Lamm und Rindfleisch am besten in Frischhaltefolie aufbewahren. Hühnerfleisch, das leicht gelblich ist, kann bis zu 5 Tage lang aufbewahrt werden, ist das Fleisch einmal weiß, sollte es nicht länger als 24 Stunden im Kühlschrank liegen. Hühnerfleisch mit Haut bleibt länger frisch als „nacktes“, da es geschützt ist.

Rind, Lamm, Huhn: Fleisch bleibt länger frisch, wenn man es zu Hause gleich mariniert.

Mozzarella & Co.

AUFBEWAHRUNG

Die meisten Käsesorten können grundsätzlich 1 bis 2 Wochen in dem Papier aufbewahrt werden, in dem sie gekauft wurden. Für eine längere Reifung sollte man Käse vakuumieren und im Kühlschrank aufbewahren.

Ziegenfrischkäse kann in seiner ursprünglichen Verpackung aufbewahrt, sollte aber innerhalb von 3 Tagen verzehrt werden.

Ricotta bleibt in dem Gefäß, in dem er gekauft wurde, muss allerdings innerhalb von 2 Tagen gegessen werden, da er praktisch nur aus Eiweiß besteht.

Käse nicht einfrieren!

FRISCHE

Supermarktkäse muss am ersten Tag genauso aussehen wie am 30., anderenfalls ist von einem Konsum abzuraten.

Offener Käse vom Käsebauern oder Käseladen schmeckt im Regelfall zu Beginn eher mild, in der Mitte reif und bei längerer Aufbewahrung sehr intensiv, ist eher für Liebhaber geeignet.

Camembert schmeckt auch nach einem Monat noch frisch, allerdings deutlich reifer als beim Kauf. Am besten, man wickelt ihn in doppellagiges Papier – das eine atmet, das andere schützt.

Die Tipps stammen von Haya Molcho in Zusammenarbeit mit Erich Stekovics (Tomaten), Serkan und Yusuf Buiut (Gemüse), Hasan Yavuzkurt (Fleisch) und Robert Paget (Käse).

NURIEL
ILAN

DIE FAMILIE

„S" wie Samy

„S" WIE SEELENMENSCH

Wie Zusammenhalt funktioniert. In der Küche, bei Menüabfolgen und im echten Leben.

„Wenn ich zurückdenke – die Zusammenführung unserer beiden Familienküchen war nicht so einfach. Bei Hayas Eltern wurde viel Fleisch gegessen, bei meinen viel Gemüse und Hülsenfrüchte. Es gibt ja dieses alte Sprichwort: „Wenn du deinen Partner glücklich machen willst, dann lerne den Geschmack seiner Mutter" – und Haya war immer schon sehr wissbegierig und offen; sie wollte unbedingt von meiner Mutter erfahren, wie sie ihre Gerichte zubereitete. Das Problem war nur, in Israel kochte meine Mutter auf einem Primus-Petroleumkocher, also auf sehr kleiner Flamme. Dadurch bekamen die Gewürze eine ganz andere Intensität und die Speisen teilweise eine andere Konsistenz. Sie mussten lange gegart werden, bis sie durch waren. Wenn meine Mutter dann nach Wien kam und gemeinsam mit Haya an einem Herd stand, bei dem alles ganz schnell ging, schmeckten ihre Gerichte plötzlich anders. Aber Haya hat mit einer unglaublichen Ausdauer experimentiert, bis diese feinen Zwischentöne für alle perfekt waren. Ich habe ihre Mühe immer sehr bewundert und geschätzt.

In unserer Familie hat man immer den Löffel zum Kopf und nicht den Kopf zum Löffel gebracht. So sind wir auch als Feinschmecker zusammengewachsen. Essen war für uns Leidenschaft. Das ist bis heute so geblieben."

Samy Molcho ist Pantomime, Kommunikationsexperte, Autor, Genießer, Hayas Lebensmensch und Vater der vier „NENIs" – Nuriel, Elior, Nadiv und Ilan.

SAMY MOLCHO

REGISTER

Frühstück & Snacks

Salate & Suppen

Hauptspeisen

Desserts

M

N

O

P

Q

10 PORTIONEN
LEICHT

Symbolerklärung:
Bei den Rezepten findet Ihr außer der Portionsangabe immer eine Einstufung von mir in leicht, mittel, schwer – das soll Euch helfen, auf den ersten Blick zu sehen, ob Ihr viel oder weniger Zeit und ob Ihr viel oder weniger Geschick zum Kochen der Gerichte braucht.

DAS KOCHZIMMER

MEIN GROSSER DANK GILT MEINEM MANN SAMY, DER EINEN MONAT LANG VON FRÜH BIS ABENDS IM BALAGAN, ALSO IM TOTALEN CHAOS, LEBEN MUSSTE. WEITE STRECKEN DES BUCHES WURDEN BEI UNS DAHEIM FOTOGRAFIERT – WAS FÜR EINEN PARTNER, VOR ALLEM WENN ER SO STRUKTURIERT UND KLAR WIE SAMY IST, NICHT IMMER LEICHT IST. AUCH MEINE KÖCHE ELIHAI UND ADRIAN HABEN GROSSARTIGES GELEISTET: SCHLIESSLICH MUSSTEN SIE IN DER ZEIT, IN DER DIESES BUCH ENTSTAND, NEBEN IHRER ARBEIT BEI NENI ZUSÄTZLICH NOCH MIR PERMANENT AUF ABRUF ZUR VERFÜGUNG STEHEN. OHNE IHRE MITHILFE HÄTTEN WIR DIESE VIELFALT AN REZEPTEN IN DIESER ZEIT GAR NICHT UMSETZEN KÖNNEN.

MEIN NÄCHSTER DANK GEHT AN DEN FOTOGRAFEN PETER M. MAYR, DER NUN DAS VIERTE BUCH VON MIR FOTOGRAFIERT HAT UND JEDES MAL MIT SEINEN BILDERN NEUE STIMMUNGEN DER NENI-WELT ZEICHNET. DIESMAL WAR ER ALS „SCHWANGERER" IM EINSATZ, DENN SEINE FRAU ERWARTET EIN BABY. ALSO IST ER ZU JEDEM TERMIN MIT EIN PAAR VORRATSDOSEN ERSCHIENEN, UM DAS ESSEN, DAS WIR FÜRS FOTO VORBEREITET HATTEN, ABENDS MIT NACH HAUSE ZU NEHMEN – MAN WEISS JA, ES SIND NICHT DIE WERDENDEN MÜTTER, DIE DAUERND HUNGER HABEN, SONDERN DIE VÄTER! AUCH DORIS PESENDORFER UND MICHAELA ERNST WAREN WIEDER TEIL DES TEAMS: WÄHREND DORIS MIT UNENDLICHER GEDULD IMMER WIEDER NEUE LAYOUTS BAUTE, SCHRIFTEN UMSTELLTE UND FARBEN AUSTAUSCHTE, WEIL DIESES MAL DIE GESTALTUNG DES BUCHES MEHR EINEM „WORK IN PROGRESS" ENTSPRACH, SCHLOSS MICHAELA, DIE FÜR DIE TEXTE VERANTWORTLICH IST, NEBEN IHRER ARBEIT AUCH NOCH EIN MASTER-STUDIUM AB. NEU DAZU GESTOSSEN IST MARIE BURKA. SIE HAT DIE REZEPTE UND INTERVIEWS MIT HÄNDLERN UND PRODUZENTEN TRANSKRIBIERT UND PARALLEL DAZU BEI UNS IM CATERING ZU ARBEITEN BEGONNEN. UND SIE HAT SICH GLEICH VON ANFANG AN SO GUT GEMACHT, DASS SIE MITTLERWEILE DAS NENI-CATERING LEITET!

ZULETZT MÖCHTE ICH MICH NOCH BEI GERHARD DREXEL UND DER SPAR-SUPERMARKTKETTE BEDANKEN: DAFÜR, DASS SIE VON ANFANG AN AN UNS GEGLAUBT UND MIT DER NENI-PRODUKTSERIE GANZ ENTSCHEIDEND ZU UNSEREM ERFOLG UND UNSEREM BEKANNTWERDEN WEIT ÜBER WIEN HINAUS BEIGETRAGEN HABEN.

UND JETZT: GUTEN APPETIT!

IMPRESSUM
3. Auflage 2021

BILDNACHWEIS
FOTOGRAFIE Peter Mayr
mit Ausnahme von Seite 117: iStock/joey333
FOODSTYLING Haya Molcho
ILLUSTRATIONEN Georg Wagenhuber
PROJEKTLEITUNG Eva Wagner
BERATUNG Stefan Linde
VISUELLES KONZEPT, DESIGN & SATZ
moodley brand identity – Creative Direction: Doris Pesendorfer
TEXT Michaela Ernst
TEXTLICHE MITARBEIT Anja Fleischhauer, Eva Wagner
BILDREDAKTION Sabine Kestler
KORREKTORAT Dr. Ulrike Kretschmer, München
LITHO Reproline mediateam GmbH, München
DRUCK UND VERARBEITUNG Firmengruppe APPL, aprinta druck GmbH, Wemding

Printed in Germany

FSC www.fsc.org MIX Papier aus verantwortungsvollen Quellen FSC® C004592

Penguin Random House Verlagsgruppe FSC® N001967

ISBN 978-3-517-09424-3